ROD SINCLAIR
OLE WEST

MEAL TICKET
Travels and Tables
from Near and Far

ANDERE LÄNDER,
ANDERE SUPPEN
Geschichten und Rezepte
aus Nah und Fern

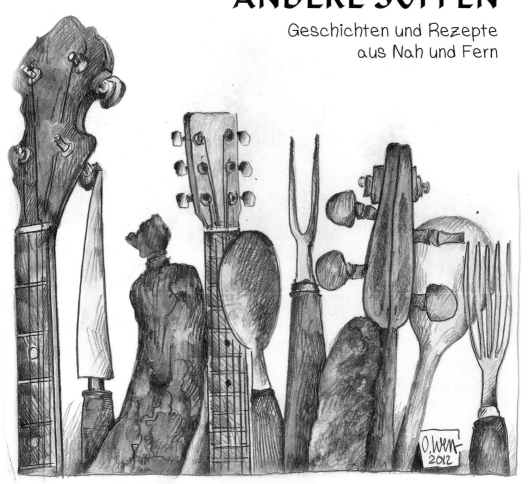

TIDENHUB-VERLAG

A CLOSED DOOR IN MOSCOW

A message pinned on a notice board in the Edinburgh University Russian Department on the thirteenth floor of the David Hume Tower read: *Wanted, Russian speaker as interpreter on trip to Soviet Union in July.* I called the number and talked to Dr Bernard Kruger of Denver, Colorado, who was doing post-graduate psychiatry studies in Edinburgh. A Denver colleague of Bernard's had asked him to buy him a car at the Mercedes Benz factory in Stuttgart in Germany, use it for three months in Europe, then ship it to USA as a used car, saving him import duty and taxes.

Bernard wanted to travel to Moscow, where he had made an appointment to meet Alexander Romanovitch Luria, the famous Russian neuroscientist. I was twenty: Russian - English interpreting an interview with one of the world's leading neuropsychologists would be no problem.

Off we rolled: Amsterdam, Berlin, Warsaw - when you get to the Belarus border you're half way there - Minsk and Moscow.

On our way through Germany, we pulled in at a motorway restaurant for a bite to eat. In those days, motorway restaurants had tablecloths, and waiter service. It said so at the bottom of the menu: "Bedienung 15%"

"Don't worry about the language," Bernard comforted me, assuming I knew no German. "I'll do the talking."

We found a table, and Bernard called the waiter over. "Herr Ober! Zwei Beefsteaks mit Pommes, bitte, and easy on the Bedienung!"

We eventually got to Moscow University up on its hill and arrived at Professor Luria's door. "He's not here ," said his secretary. "I don't know where he is," she lied. We returned three days in succession, but never met Luria.

In 2009 I came upon A.R. Luria's monograph *The Mind of a Mnemonist.* Luria writes in his foreword, "I have spent the summer in the country, far from Moscow. Among the woods and fields I could find the peace to write this book about the man with the amazing memory." It took 44 years and a random book find to explain the closed door in Moscow.

VOR VERSCHLOSSENEN TÜREN IN MOSKAU

In der russischen Abteilung der Universität Edinburgh im 13. Stockwerk des David Hume Tower, hing am Schwarzen Brett folgender Anschlag: ‚Suche für eine Reise in die Sowjetunion im Juli Begleiter mit guten Russischkenntnissen als Dolmetscher'. Ich meldete mich unter der angegebenen Telefonnummer und lernte so Dr. Bernhard Kruger aus Denver, Colorado kennen, der nach seiner Promotion in den USA jetzt in Edinburgh eine Fachausbildung als Psychiater absolvierte. Ein Kollege aus Denver hatte ihn gebeten, für ihn in Stuttgart einen Mercedes zu kaufen, diesen drei Monate in Europa zu fahren und anschließend als Gebrauchtwagen in die USA zu importieren, um so Zoll und Steuern zu sparen.

Bernhard hatte in Moskau einen Termin für ein Treffen mit dem berühmten russischen Neurowissenschaftler Alexander Romanowitsch Luria. Mit meinen immerhin bereits neunzehn Jahren war ich fest davon überzeugt, es sei eine Kleinigkeit, das Gespräch mit einem der weltweit führenden Neuropsychologen zu dolmetschen.

Dann ging es los: Amsterdam, Berlin, Warschau - wenn man die Grenze zu Belarus überquert, hat man schon einen großen Teil der Strecke geschafft - Minsk und schließlich Moskau.

Unterwegs in Deutschland hielten wir an einer Autobahnraststätte, um einen Happen zu essen. Damals gab es in diesen Restaurants noch Stofftischdecken und man bekam sein Essen serviert. Unten auf der Speisekarte stand dann auch: ‚Bedienung 15%'.

„Keine Sorge wegen der Sprache," beruhigte mich Bernhard, der annahm, ich könne kein Deutsch. „Ich mach' das schon!" Wir setzten uns an einen Tisch und Bernhard rief den Kellner. „Herr Ober! Zwei Beafsteaks mit Pommes bitte, aber Bedienung brauchen wir nicht ganz so viel!"

Schließlich erreichten wir Moskau, fuhren zu der auf einem Hügel gelegenen Universität und standen kurz darauf vor Professor Lurias Tür. „Er ist nicht da," sagte seine Sekretärin. „Ich weiß leider nicht, wo er sich aufhält," log sie uns an. Drei Tage lang versuchten wir, Professor Luria zu erreichen - vergeblich!

2009 stieß ich dann zufällig auf A.R. Lurias Buch ‚Kleines Portrait eines großen Gedächtnisses'. Dort schreibt er im Vorwort: „Den Sommer (des Jahres 1965) verbrachte ich auf dem Land, weit entfernt von Moskau. Zwischen Wäldern und Feldern fand ich die notwendige Ruhe, um dieses Buch über den Mann mit dem wahrhaft erstaunlichen Gedächtnis zu schreiben."

Nur weil ich zufällig dieses Buch gefunden hatte, erfuhr ich 44 Jahre später dann endlich, warum wir in Moskau vor verschlossenen Türen gestanden hatten!

Zapekanka

A big, tasty Russian vegetable roll, eaten either on its own or as an accompaniment to meat, fish or poultry.

> 1 kilo potatoes
> 12g butter
> 30g finely chopped parsley
> 30ml milk
> 30ml olive oil
> 2 large chopped carrots
> 200g chopped onion
> 50g crushed garlic
> 150g peas
> 150g breadcrumbs
> salt, pepper, dried mixed herbs

Heat the oil in a thick-bottomed pan, add the vegetables and braise (fry-boil them in their own juice) under a lid until they are soft. Boil the potatoes then mash them with the butter, seasoning, milk and parsley. Roll the mashed potatoes out on a damp dish-towel. Lay the mixed vegetables on the mash and roll the potatoes round the vegetables in the towel. Coat the roll in seasoned breadcrumbs, heat it in a hot oven for 15 minutes.

Zapekanka

Eine große, sehr schmackhafte russische Gemüserolle, die man entweder als Hauptgericht oder als Beilage zu Fleisch, Fisch und Geflügel servieren kann.

1 kg Kartoffeln
12 g Butter
30 g gehackte Petersilie
30 ml Milch
30 ml Olivenöl
2 große Möhren in Stücken oder Scheiben
200 g gehackte Zwiebeln
50 g zerdrückter Knoblauch
150 g Erbsen
150 g Paniermehl
Salz, Pfeffer, getrocknete Kräuter

Olivenöl in einer schweren Pfanne erhitzen, das Gemüse hinzugeben und mit geschlossenem Deckel ohne weitere Zugabe von Flüssigkeit schmoren, bis es weich ist. Die Kartoffeln kochen, mit der Butter, der Milch, einem Teil der Gewürze und der Petersilie zerstampfen. Die Kartoffelmasse auf einem feuchten Geschirrtuch ausrollen und das vorbereitete Gemüse darauf verteilen. Mithilfe des Tuchs zu einer Rolle formen, diese mit einer Mischung aus Paniermehl und den restlichen Gewürzen umhüllen und im vorgeheizten Ofen noch einmal 15 Minuten erhitzen.

MADI SUPERSTAR

Through the gateway of the red clay guest house in Ségou we could see the River Niger. Half a mile wide, its green, impassive waters swept tree-trunks, soapsuds, weeds, fishermen in their boats, and dead dogs north-eastwards. We all - Jean-François and his wife Catherine, their friend Bernard, my daughter Anne and I - were agreed that a boat trip would be in order. It had been a long day's bus travel to get to Ségou from Ouagadougou via Bobo Dioulasso, places it is good to know, and not only for the pleasure of saying their names. Madi said nothing, but at breakfast next morning announced that the boat would pick us up at ten. Madi - Mahamadi Zoundi - is a rare character. His smile reminds us why we have teeth. A patchy, complicated childhood led him from Ouaga to Bobo, where he learned the art of lost wax bronze casting. He moved back to Ouagadougou where he makes a living selling statuettes, figures, baobab trees and all sorts in bronze. He is involved in an organisation to help

orphans and street kids learn the art. They sell their bronzes to Terre Active, Jean-François' organisation in Sabres in Gascony. Terre Active also supports Madi's group financially, so the kids are guaranteed at least one meal a day.

The boat arrived, we greeted the skipper and his young crewman, and set off downstream on the vast expanse of river. Young fishermen stand, row, joke, throw nets out, shout to each other, haul the nets in with their catch of wriggling fish, all on skiffs two feet wide. A couple of lads swam seventy head of hump-backed cattle across a Niger tributary while our boat waited as if at a level crossing.

The sun was at its hottest when we arrived at a village deep in the bush. A barefoot grandmother was stamping wet clay to make pots, chatting away all the while with the skipper, who was also our guide. His mobile rang, and he answered, then passed the phone to Madi. "It's for you."

At the auberge where we stayed in Ouagadougou, it was steak and chips or chicken and green beans. Or vice versa. So it was a pleasure to find lamb. Ouagadougou lamb was roasted over a wood fire. Here is a European version:

MADI SUPERSTAR

Durch das Tor unserer Herberge in Ségou, einem roten Lehmbau, konnten wir den Niger sehen. Fast einen Kilometer breit, trug sein träges grünes Wasser Baumstämme, Schaum, Grünzeug, Fischer in ihren Booten und tote Hunde nach Nordosten. Wir - Jean-Francois, seine Frau Catherine, ihr gemeinsamer Freund Bernard, Anne und ich - wurden sich schnell einig, dass hier eine Bootstour genau das Richtige wäre. Den ganzen Tag hatten wir gebraucht, um mit dem Bus von Ouagadougou über Bobo-Dioulasso nach Ségou zu fahren, Orte, die zu besuchen sich nicht nur wegen ihrer wohlklingenden Namen lohnt. Madi schwieg, aber beim Frühstück am nächsten Morgen teilte er uns mit, dass um 10 Uhr ein Boot bereitläge. So einen wie Madi, mit vollem Namen Mahamadi Zoundi, trifft man nicht alle Tage. Wenn er lacht, weiß man, warum man eigentlich Zähne im Mund hat. In seiner schwierigen, unruhigen Kindheit wuchs er erst in Ouaga und dann in Bobo auf, wo er das Bronzegießen mit verlorenen Wachsformen lernte. Später zog er wieder nach Ouagadougou zurück und lebt dort jetzt vom Verkauf seiner Statuen, Figuren, kleinen Baobab-Bäumen und anderem aus Bronze. Außerdem engagiert er sich in einer Einrichtung, in der Waisen und Straßenkinder den Bronzeguss lernen können. Sie verkaufen ihre Erzeugnisse an Terre Active, Jean-Francois' Organisation in Sabre in der Gascogne. Terre Active unterstützt Madis Gruppe auch finanziell, sodass die Kinder regelmäßig wenigstens eine Mahlzeit am Tag bekommen.

Nachdem das Boot angelegt hatte, begrüßten wir den Skipper und seinen jungen Matrosen, und schon ging es los den breiten Strom hinab. Junge Fischer standen in ihren nur gut einen halben Meter breiten Booten, ruderten, alberten herum, warfen ihre Netze aus, unterhielten sich lautstark, holten den zappelnden Fang ein. Einige Jungen trieben eine Herde von siebzig Zebus quer durch einen Nebenfluss des Niger, und während die Tiere hinüberschwammen, warteten wir wie vor einem Bahnübergang. Gegen Mittag, in der größten Hitze, kamen wir zu einem Dorf tief im Busch. Eine barfüßige Großmutter stampfte gerade nassen Ton, um Gefäße daraus zu machen und schwatzte dabei mit unserem Skipper, der gleichzeitig auch unser Führer war. Plötzlich klingelte sein Mobiltelefon, er nahm ab - und gab es dann Madi mit den Worten: „Das ist für dich!"

In unserer Unterkunft in Ouagadougou gab es entweder Steak mit Pommes frites oder Hühnchen mit grünen Bohnen. Oder umgekehrt. Deshalb freuten wir uns, wenn es zur Abwechselung einmal Lamm gab. In Ouagadougou wird es über einem Holzfeuer gegrillt. Hier ist eine europäisierte Version:

Lamb Stew with Couscous

1 neck or scrag end of lamb
30 ml olive oil
150g chopped onions
75g crushed garlic
2 sprigs of rosemary
2 carrots, 2 onions, 2 sticks celery, 100g celery root, 100g parsnip
240ml water
salt, pepper
250g couscous
½ litre water
1 vegetable cube
3 sprigs of fresh parsley
5 fresh mint leaves.

On the top of the stove, on a gentle heat, sweat half the chopped onions and garlic in the olive oil in your cast-iron pot with the lid on. Leaving the meat on the bone - this keeps the juice in and gives flavour - turn the meat in the warm oil to seal it, then add the water, salt, pepper and rosemary - just leave the sprigs whole, you'll be pulling them out again before serving - and give it a boil for 35 minutes. Move the closed pot to the oven, preheated to 180°, and roast for 45 minutes. When you take the pot out to check on the meat - the size of the joint, the age of the beast, the temperament of the oven are all variables that will affect the roasting time - you can add the other vegetables. More chopped onions and crushed garlic, chunks of celery stick, celery root, carrot, pastinak and parsnip go in for the final 45 minutes roasting. Using this much celery means you can cut down on the salt. Just before serving the stew, stir a vegetable cube into ½ litre boiling water. Take the pot off the heat and stir the couscous into the steaming water. Let it rest and absorb, then scatter little knobs of butter over the couscous. Fill the bottom of a large serving dish with the couscous, spoon a mound of lamb meat - you will be able to lift the bones off the meat with ease now - vegetables and the delicious gravy in the middle, and decorate with sprigs of parsely and mint.

Lammeintopf mit Couscous

1 Stück Lammnacken
30 ml Olivenöl
150 g gehackte Zwiebeln
75 g zerdrückter Knoblauch
2 Stängel Rosmarin
2 Möhren, 2 Zwiebeln, 2 Stangen Staudensellerie, 100 g Knollensellerie, 100 g Pastinaken
240 ml Wasser
Salz, Pfeffer
250 g Couscous
1/2 l Wasser
1 Würfel Gemüsebrühe
3 Stängel frische Petersilie
5 Blätter frische Minze

Die Hälfte der klein gehackten Zwiebeln und den Knoblauch in einem geschlossenen gusseisernen Topf auf kleiner Flamme im Olivenöl anschwitzen. Den Lammnacken mit dem Knochen daran - so bleibt das Fleisch saftig und bekommt extra Geschmack - in dem heißen Öl wenden, um die Poren zu schließen. Wasser, Pfeffer, Salz, Rosmarin hinzugeben und das Ganze 35 Minuten schmoren. Die Rosmarinstängel ganz lassen, sie werden vor dem Servieren wieder herausgenommen. Den geschlossenen Topf in den mit 180° C vorgeheizten Ofen schieben und dort alles etwa 45 Minuten weiter schmoren lassen. Die genaue Zeit hängt von der Größe des Fleischstückes, dem Alter des Tieres und der Art des Ofens ab. Wenn zwischendurch der Topf aus dem Ofen genommen wird, um das Fleisch zu prüfen, das übrige Gemüse zugeben: die restlichen gehackten Zwiebeln und den restlichen zerdrückten Knoblauch, zerkleinerte Stangensellerie, Knollensellerie, Möhren und die Pastinaken. Mit so viel Selleriegemüse muss man weniger salzen. Kurz vor dem Servieren einen Würfel Gemüsebrühe in einem halben Liter kochenden Wassers auflösen, den Topf mit der Brühe vom Herd nehmen und das Couscous unter ständigem Rühren hineingeben. Kurze Zeit quellen lassen, anschließend kleine Butterstückchen auf dem Couscous verteilen. Zum Anrichten den Boden einer großen Schüssel mit Couscous bedecken, darauf in der Mitte das Lammfleisch - die Knochen lassen sich vorher leicht herauslösen - das Gemüse und die köstliche Soße häufen und das Ganze mit Petersilie und Minze garnieren.

BIRDS IN MUD

Stand on the dyke, look out over the Wadden Sea. Big sky. Low, grey, rain-bearing clouds in the south west, unblemished blue in the north west, high makerel streaks in the north east and fluffy, lamb-like puffs in the south east. Then a front coming across, a line of high cloud advancing diagonally across that whole big top. Later, the whole dome can be cloudless, azure blue.

There are a dozen different kinds of bird in view at one time. Waders, gulls, ducks and geese, field and wetlands types, many game birds now protected, their numbers border on the incredible. But there are expert bird counters, John Frikke and Iver Gram among them, who can tell at a glance how many birds are in a flock. They take photographs and have them checked under a magnifying glass, and are never more than half a per cent out.

One late summer evening, watching a cloud of starlings wheeling artistically over the lakes on the border between Germany and Denmark, before they flew to London, Paris or Amsterdam for the winter, Iver told me that there were three quarters of a million starlings in the flock.

VÖGEL, DIE SICH IM SCHLICK EINGRABEN

Auf dem Deich stehen und über das Wattenmeer blicken... Weiter Himmel, tief hängende graue Regenwolken im Südwesten, strahlendes Blau im Nordwesten. Hoch oben im Nordosten Wolkenschleier, und im Südosten Schäfchenwolken, die wie Wattebäusche aussehen. Dann nähert sich mit einem Wolkenstreifen, der sich quer über das ganze Himmelsgewölbe zieht, eine Regenfront. Nach einiger Zeit ist der Himmel aber wieder klar und strahlt azurblau.

Man sieht Dutzende verschiedener Vogelarten: Stelzvögel, Möwen, Enten, Gänse; typische Feuchtgebietsarten und Arten offener Landschaften, von denen viele heute geschützt sind. Ihre Zahl grenzt ans Unendliche. Aber es sind jedes Jahr Experten unterwegs, die sie zählen. John Frikke und Iver Gram gehören dazu. Sie erfassen sofort, aus wie vielen Vögeln ein Schwarm besteht. Die Schwärme werden fotografiert, die Bilder später mit einem Vergrößerungsglas ausgewertet - nie liegen sie mehr als ein halbes Prozent daneben!

An einem Spätsommerabend beobachte ich mit den beiden einen Schwarm Stare, der als dunkle Wolke am Himmel Kunstflug vorführt. Hier an den Gewässern des Grenzgebietes zwischen Deutschland und Dänemark sammeln sich die Vögel, bevor sie in ihr Winterquartier weiterziehen - sicherlich nach London, Paris oder Amsterdam. Iver sagt, dass der Schwarm aus einer Dreiviertelmillion Tiere bestehe.

Kreuz und quer ziehen sie, blitzschnell und absolut synchron die Richtung ändernd. Kleinere Gruppen stoßen dazu, bis ein gewaltiger Schwarm entstanden ist, der wie Rauch über den Himmel wirbelt. Auch auf die Gefahr hin, wie Hamlet zu klingen, der Polonius mit seiner Beschreibung von Wolkenformen verspottet, sucht man als Betrachter unwillkürlich nach Vergleichen: Einmal ähnelt die Starenwolke einer riesigen Schnecke, die am Abendhimmel entlang kriecht. Dann stieben die Vögel plötzlich auf, bilden ein großes Fragezeichen, um gleich darauf ein ‚J', zwei Augen und Ohren zu formen, bevor sie wieder zu einem ganz normalen Schwarm werden. Heftiges Flügelschlagen, ohrenbetäubendes Zwitschern, immer wieder verschiedene Bilder mit scharfen Konturen, die ineinander übergehen - als wäre es eine Qualle unter Drogen. Ähnlich fließend ändert sich die Dichte des Schwarms; dunkle Stellen bilden sich, wo die Vögel enger beieinander fliegen, hellere, wo ihr Abstand größer ist. Die schwarze Wolke wirkt wie Eisenspäne auf einem Blatt Papier, wenn man einen Magneten darunter hält. Oder wie die Blasen in einer Lavalampe. Allerdings weiß man da, wie die verschiedenen Formen zustande kommen.

Was aber steckt nur hinter diesem dreidimensionalen Aufruhr in der Luft? Jeder Vogel hat offenbar jederzeit seine vier nächsten Nachbarn im Auge, zwei auf jeder Seite. Blitzschnelle Reaktionen bewirken, dass Schwenks und Höhenänderungen simultan erscheinen. Das erklärt aber noch nicht, was das Phänomen selbst auslöst.

The cloud of birds sweeps and swoops across the sky, changing direction in perfect synchrony in a split second. Smaller groups merge before our eyes until there is one vast, ever-changing swarm swirling across the sky like smoke. At the risk of sounding like Hamlet mocking Polonius with cloud shapes, the onlooker reaches for descriptive analogies. The starlings resemble a huge slug crawling along the evening horizon, then soar into a question mark high in the sky, then the letter J, then split into a pair of eyes, then ears, then merge again. Wings beating furiously, chirping deafeningly, the starlings paint myriad shapes in the sky, each cloud clearly outlined, morphing fluidly like a jellyfish on speed. Inside the swarm, the density changes as fluidly, darker where the birds are close together, lighter where they are looser. The black swarm is like a swathe of iron filings on paper with a magnet underneath. Or the bubble in a lava lamp. But there you know what makes the shapes.

What can it be like within this three-dimensional, airborne riot? Each bird, apparently, keeps an eye on four of its nearest wingmen, two on each side. Lightning-fast reactions mean that turns and dips look simultaneous. But what triggers the swerves? Some say that it is safety in numbers. Starlings are known to beat off attacking predators, birds of prey attracted by this temptingly massive gathering of bird flesh. The starlings shit in unison on the intruders – a weapon of mass defecation.

As the sun goes down, the starlings swoop down into the reeds and bushes in the wetlands. J.Kinch, who wrote the history of Ribe in 1869, could relate the medieval theory that starlings spent the winter buried in the wetlands mud. What else could explain their mysterious winter disappearance from the town?

Manche Vogelkundler sagen, der Schwarm gebe den Individuen größere Sicherheit. Es ist bekannt, dass Stare im Schwarm Greifvögel abwehren, die von dieser verlockenden Menge an Beutetieren angezogen werden. Die Vögel kacken (Pardon![1]) alle gleichzeitig auf den Angreifer – Einsatz kaktischer Waffen sozusagen.

Als die Sonne untergeht, verschwindet der Schwarm in den Röhrichten und Feuchtgebüschen.

J. Kinch schreibt 1869 in seiner Geschichte der Stadt Ribe, dass man im Mittelalter glaubte, die Stare grüben sich den Winter über im Schlick ein. Wie sollte man sonst ihr mysteriöses Verschwinden aus der Stadt erklären, das man jeden Herbst beobachtete?

[1] Anmerkung des Übersetzers

Garfish Rings

Around Easter, and in October, people in West Jutland wade out into the Wadden Sea with a stick and a net and catch garfish. Some fishers use a piece of wire to thrash the fish, breaking its back and sweeping it into their basket or net. The garfish are long and slender, swim very fast in shoals - they travel in similar patterns to mackerel - and taste excellent. They have green bones, which puts some people off eating them, but the colour is completely harmless. The green bones are easy to see and remove.

> 8 whole garfish
> 1 lemon
> 4 cloves garlic, crushed and chopped
> 30g chopped parsley
> 60ml olive oil
> 100g oatmeal
> 100g cooked shrimp
> salt and pepper

Set the oven at 200°. Scrape the scales off the garfish, lop off the heads and tails, and cut each fish in two down the middle. Remove the guts and as many of the green bones as you can. I keep a pair of small needle-nose pliers in the kitchen drawer for this kind of operation. Wash the fish in cold water. Squeeze the lemon juice into a bowl and mix with oil, parsley, garlic, salt and pepper. Rub the inner side of each garfish with what's left of the lemon. Fasten the tail to the head of each fish with a couple of toothpicks and stand the rings on baking paper in an oven dish. Brush the rings with most of the lemon & parsley mixture. Preheat the oven and roast the fish rings at 180° for 10 minutes, more for bigger garfish. Mix the shrimp into the rest of the parsely, garlic, lemon and stir in the oats, giving them some time to soak up the juice. Pull the fish from the oven and fill the rings with your mixture. Too much baking makes shrimps rubbery – turn down the heat to 120° and give them another 10 minutes. Serve with grilled aubergines, squash and paprikas, with good, rough bread alongside.

Hornhecht-Ringe

Um Ostern herum und im Oktober waten die Leute in Westjütland mit einem Stock und einem Netz ausgerüstet hinaus ins Wattenmeer, um Hornhechte zu fangen. Manche Fischer benutzen statt des Stocks auch ein Stück Draht, mit dem sie ihrer Beute einen Schlag versetzen, ihr das Rückgrat brechen, und den Fisch dann in den Korb oder das Netz befördern. Hornhechte sind lang und dünn, können sehr schnell schwimmen, treten in Schwärmen auf ähnlich wie Makrelen und schmecken hervorragend. Ihre Gräten sind grün, weshalb sich manche Leute davor ekeln, aber die grüne Farbe ist völlig harmlos. Man kann dadurch die Gräten besser sehen und entfernen.

> 8 ganze Hornhechte
> 1 Zitrone
> 4 zerdrückte und gehackte Knoblauchzehen
> 30 g gehackte Petersilie
> 60 ml Olivenöl
> 100 g Haferflocken
> 100 g gekochte Garnelen
> Salz und Pfeffer

Den Ofen auf 200° vorheizen. Die Hornhechte abschuppen, Köpfe und Schwänze entfernen, am Bauch entlang aufschneiden, ausnehmen und möglichst viele der grünen Gräten entfernen (ich habe zu diesem Zwecke eine kleine spitze Flachzange in meiner Küchenschublade). Die Fische kalt abspülen.

Die Zitrone auspressen und den Saft zusammen mit dem Öl, der Petersilie, dem Knoblauch, Salz und Pfeffer in eine Schüssel geben. Mit dem Rest der Zitrone die Fische auf der Innenseite einreiben. Kopf und Schwanz jedes Fisches mit einem Zahnstocher zusammen stecken, sodass der Fisch einen Ring bildet. Die Ringe in eine mit Backpapier ausgekleidete ofenfeste Form legen, mit dem größten Teil der Zitronen-Petersilienmischung bestreichen, in den vorgeheizten Backofen schieben und etwa 10 Minuten bei 200 Grad garen. Große Hornhechte brauchen etwas länger. Die Garnelen mit dem Rest der Knoblauch-Petersilien-Zitronenmischung verrühren, die Haferflocken hinzugeben und kurz durchziehen lassen.

Die Fische aus dem Ofen nehmen und die Ringe mit der Garnelen-Mischung füllen. Alles noch einmal 10 Minuten in den Ofen stellen - aber nicht länger, sonst werden die Garnelen zäh! Zusammen mit gegrillten Auberginen, Kürbis und Paprika servieren, dazu frisches Bauernbrot reichen.

BEASTS OF AUSTRALIA

Reading Deadly Australian Creatures (volume 17), I am interrupted. "This is your pilot speaking. We are now crossing the Australian coast..." -- I start looking for my shoes -- "...and we will be landing in Melbourne in 5 hours and 30 minutes."

What are we – three fully-grown, slightly odd, but basically sensible men with musical instruments – doing in this large, dangerous island? Sula was on a sixteen-day, fifteen-concert tour of Australia.

The late Hamish Imlach, asked if it disturbed him to see audience members walking out during a show, replied that he found it more disturbing when they walked towards him. At the end of our concerts, our Australian listeners strode purposefully towards the stage. With their worn, battered, broad-brimmed leather hats, sun-burnt faces, open-necked shirts, muscular, tattooed arms, brown legs in shorts and thick socks in all-terrain boots, they looked daunting. Some of the men did, too. But they just wanted to share. Especially their opinions. Luckily, most of them liked our music. "Kip music loive, mite!"

Australians talk through their noses, their mouths almost closed to keep flies out. By nature they are open, friendly and hospitable. And they lack the Danes' tendency to generalise. The population is too ethnically mixed for that. Australians have some potent expressions. 'Thank you' can become: 'They should bottle your blood.' The humour takes some getting used to. For instance, what do you call a boomerang that doesn't come back? A stick.

There are northern Europeans who swear by the health-giving effects of bathing in the sea in January. In Australia, I joined them. We swam in three seas. Running

AUSTRALISCHES TIERLEBEN

Bei meiner Lektüre ‚Gefährliche Tiere Australiens' (Band 17) werde ich durch eine Ansage unterbrochen: „Hier spricht Ihr Flugkapitän. Wir erreichen soeben die australische Küste..." - also fange ich vorsichtshalber schon einmal an, meine Schuhe unter dem Vordersitz zu suchen - „...und werden in fünf Stunden und 30 Minuten in Melbourne landen." Was machen wir hier nur? Drei erwachsene, manchmal zwar etwas sonderbare, aber letztlich doch ganz vernünftige Männer mit ihren Musikinstrumenten auf dieser riesigen gefährlichen Insel? Sula ist auf Tournee: sechzehn Tage und fünfzehn Konzerte in Australien.

Der inzwischen verstorbene Folkmusiker Hamish Imlach antwortete einmal auf die Frage, ob es ihn störe, wenn während seines Auftritts Teile des Publikums den Saal verließen, dass es ihn wesentlich mehr verunsichere, wenn die Leute stattdessen aufstünden und auf ihn zu kämen. Am Ende unserer Konzerte in Australien stürmten sogleich Horden von Zuhörern zur Bühne. Mit ihren arg mitgenommenen und schäbigen breitkrempigen Lederhüten, sonnenverbrannten Gesichtern, offenen Hemden, muskulösen tätowierten Armen, den braungebrannten Beinen in Shorts, dicken Socken und schweren Geländestiefeln konnten sie einem schon Angst einjagen, was einigen Männern auch wirklich gelang. Aber es ging Ihnen einfach nur darum, etwas Wichtiges loszuwerden, nämlich wie ihnen das Konzert gefallen hatte. Und glücklicherweise gefiel den meisten von Ihnen unsere Musik: „Weiter so, Jungs!"

Australier sprechen durch die Nase und ohne den Mund groß zu öffnen, damit keine Fliegen hineinfliegen. Sie sind von Natur aus freundlich, offen und aufgeschlossen. Anders als die Dänen neigen sie nicht dazu, immer alles zu verallgemeinern, wohl weil die Bevölkerung eine bunte Mischung aus unterschiedlichsten ethnischen Gruppen ist. Australier drücken sich gerne sehr drastisch aus. So kann es einem passieren, das man statt ‚Danke!' zu hören bekommt ‚Man sollte dein Blut in Flaschen abfüllen!' Ihr Humor ist also durchaus etwas gewöhnungsbedürftig. Ein anderes Beispiel: Wie nennt man einen Bumerang, der nicht zurückkommt? Antwort: einen Knüppel.

In Nordeuropa gibt es ja tatsächlich Menschen, die darauf schwören, dass Baden im Meer mitten im Januar der Gesundheit zuträglich sei. In Australien tat ich es ihnen gleich. Und ich schwamm sogar nicht nur in einem Meer, sondern in Dreien! Als ich mich an der Moana-Beach bei Adelaide gerade in die einladend kühle Brandung stürzen wollte, kam mir plötzlich ein Gedanke und ich fragte schnell noch unseren Gastgeber: „Gibt es hier eigentlich Haie?" „Aber klar gibt es hier Haie, du bist in Australien, Kumpel!" Ich hielt abrupt an, das Wasser sah mit einem Mal gar nicht mehr so einladend aus. „Alles klar, Kumpel, solange du innerhalb der gelben Bojen bleibst. Dazwischen ist'n Netz gespannt, das die meisten Haie abhält. Am Netz

down Moana Beach near Adelaide towards inviting waves, I was struck by a thought and asked our host, "Are there sharks in these waters?"

"Of course there are sharks here. This is Austoilia, mite."

I lost momentum. Suddenly, the waves did not looking so inviting.

"You'll be all right if you stay inside the yellow buoys. There's a shark net in the sea out there that keeps most of them out. There's a notice on the net: 'Sharks no admittance' – so it's only the dyslexic ones that'll bite you."

Crossing the Murray river, we drove through brown fields -- Australian green, they call it -- where spreading trees offered shade to cattle and camels. What do Australians call a camel farm? A dromedarium.

"Remember to tread heavily, so the snakes can get away," was the advice to Erling when he went off for a walk in the woods north east of Melbourne. Erling was back very soon, visibly shaken.

"It was big."

"What did it look like?"

"Two metres long, black."

"That's what we call a bleck snike, mite."

"Will it kill you?"

"Nah – but it'll mike you lite for dinner."

Sixteen days in Australia and we hadn't seen a kangaroo. A couple of ladies from our Castlemaine audience took us out to a prison where kangaroos came to eat at dusk. A male, four females and a mob of young ones were grazing close to the prison wall. I leapt from the car with my camera. "Be careful!" cried one of the ladies, "that's the biggest 'roo I've ever seen!" The beast rose on its hind legs as I approached. It was taller than Eskil Romme. I had been told that a cornered male kangaroo will sit on its tail and flay your gut open with its hind claws. So I backed off. Then the whole kangaroo gang hopped off. Disappointingly, there was no boing boing.

During a break between shows at the Chewton Folk Music Festival near Castlemaine, the three of us took refuge from the heat in our host's house. The coolest place - it was 49 degrees centigrade outside - was lying flat on the tiled kitchen floor. I noticed the kitchen door out to the garden was open, but was too exhausted to shut it. There was a thump. A huge iguana, obviously accustomed to using the cool kitchen tiles as an antidote to the heat, slumped down beside us. Rarely have I seen Eskil and Erling move so fast. The iguana flicked at me with its long blue tongue ("Blue-tongued lizard, mite"), and I left, too. Probably harmless.

hängt'n Schild: Für ‚Haie Zutritt verboten', deshalb beißen Dich höchstens die, die nich' lesen können."

Wir überquerten den Murray River und fuhren durch eine von der Hitze ausgedörrte braune Landschaft - Australisch-Grün nennen sie das dort - mit ausladenden Bäumen, die dem Vieh und den Kamelen Schatten spendeten. Wie nennen Australier eine Kamelfarm? Ein Dromedarium.

„Nicht vergessen, immer fest aufzutreten, damit die Schlangen Dich rechtzeitig bemerken und abhauen können!" riet man meinem Musikerkollegen Erling, als er zu einem Spaziergang durch die Wälder nordöstlich Melbournes aufbrach. Aber schon bald war er wieder zurück, sichtlich mitgenommen.

„Sie war riesig!"

„Wie sah sie aus?"

„Schwarz und mindestens zwei Meter lang!"

„Ah, das war ‚ne Schwarzotter, Kumpel!"

„Kann die einen Menschen töten?"

„Nöh, aber sie verspeist sie gerne schon mal so als kleine Zwischenmahlzeit!"

Nun waren wir bereits sechzehn Tage in Australien und hatten noch kein einziges Känguruh gesehen. Einige Damen, die unser Konzert in Castlemaine besucht hatten, nahmen uns mit hinaus zu einem Gefängnis, wohin in der Abenddämmerung meist einige Känguruhs zum Fressen kommen. Ein Männchen, vier Weibchen und eine Gruppe von Jungtieren grasten dicht an der Gefängnismauer. Sofort sprang ich mit meiner Kamera aus dem Auto. „Vorsicht!" rief eine unserer Begleiterinnen, „das ist das größte Tier, das ich je gesehen habe!" Als ich mich näherte, richtete sich das Känguruh auf. Es war größer als Wladimir Klitschko. Ich hatte gehört, dass ein Känguruhmännchen, wenn es bedroht wird, sich auf seinen Schwanz setzt, nach dem Gegner schlägt und ihm mit einem Hieb seiner hinteren Klauen die Bauchdecke aufschlitzt. Deshalb trat ich dann doch lieber den Rückzug an. Daraufhin machte sich auch die ganze Känguruhbande aus dem Staub. Der Boxkampf fiel also leider aus.

Während einer Pause des Folkfestivals in Chewton in der Nähe von Castlemaine suchten wir drei Musiker im Haus unseres Gastgebers Zuflucht vor der Hitze. Draußen hatten wir 49° Celsius, und am kühlsten war es, wenn man sich flach auf den gefliesten Küchenfußboden legte. Ich bemerkte zwar, dass die Tür zum Garten offen stand, war aber zu erschöpft, um sie zu schließen. Plötzlich ein dumpfer Schlag - eine eineinhalb Meter lange Echse kauerte neben uns auf dem Boden! Offenbar wusste sie die kühlen Fliesen auch zu schätzen. Selten habe ich meine Kollegen Eskil und Erling schneller das Weite suchen sehen! Die Echse ließ kurz mal eben ihre lange, blaue Zunge in meine Richtung schnellen („Ein Blauzungen-Skink, Kumpel!"), und ich ging dann mal lieber auch. Wahrscheinlich war sie harmlos.

Oz-Tail Stew

Many Australians are lean and healthy-looking, not many are fat. They have certain food rules, for instance: eat lots of fruit, fish and vegetables, keep active, and don't buy your body fuel the same place you buy your car fuel. Here's a recipe for kangaroo tail stew. If your butcher can't get kangaroo tails, ox tail will do. Leave the bones in, of course.

8 joints kangaroo (or ox) tail, trimmed
2 tbsps flour
50ml olive oil
400g chopped onions
50g crushed garlic
2 sliced sticks celery
200g diced carrots
150ml red wine
2g dried thyme
2g dried oregano
2 bay leaves
salt and pepper
1 litre kangaroo (or beef) stock
4 sprigs of parsley

Coat the chunks of meat in seasoned flour. Set aside. Heat the oil in a large saucepan, add the coated meat and brown on all sides to seal. Remove the meat from the pan and set aside. Reheat the oil, add the onions, garlic, celery and carrots and fry for 5 minutes, stirring to prevent sticking. Return the meat to the pan together with the herbs, stock and wine, bring to the boil, stirring, then reduce the heat, cover and simmer for 3-4 hours, skimming the surface from time to time. Serve with a sprinkling of chopped parsley on top and crusty bread alongside.

Känguruhschwanz-Eintopf

Die meisten Australier sind schlank und drahtig, es gibt dort kaum Dicke. Sie halten sich aber auch an bestimmte Regeln wie etwa ‚Viel Obst, Fisch und Gemüse essen!' oder ‚Bewegung ist gesund' und ‚Kaufe den Treibstoff für deinen Körper nicht dort, wo du den für dein Auto kaufst!'

Hier ist das Rezept für einen Känguruhschwanz-Eintopf. Sollte Ihr Fleischer gerade keinen Känguruhschwanz vorrätig haben, geht auch Ochsenschwanz. Aber auf keinen Fall die Knochen entfernen!

> 8 Stück Känguruhschwanz, küchenfertig
> 2 Esslöffel Mehl
> 50 ml Olivenöl
> 400 g gehackte Zwiebeln
> 50 g zerdrückter Knoblauch
> 2 Stangen Staudensellerie, in Stifte geschnitten
> 200 g Karotten, in Scheiben
> 150 ml Rotwein
> 2 g getrockneter Thymian
> 2 g getrockneter Oregano
> 2 Lorbeerblätter
> Salz und Pfeffer
> 1 l Känguruh- (oder Rinder-) Brühe
> 4 Stängel Petersilie

Das Fleisch in der Mehl-Gewürzmischung wälzen. Olivenöl in einer großen Pfanne erhitzen, die Fleischstücke hineinlegen und von allen Seiten kräftig anbräunen, um die Poren zu schließen. Das Fleisch aus der Pfanne nehmen, beiseite stellen, das Öl wieder erhitzen und darin Zwiebeln, Knoblauch, Sellerie und Möhren fünf Minuten braten, dabei gelegentlich umrühren. Fleisch, Kräuter, Brühe und Wein dazugeben. Alles unter ständigem Rühren zum Kochen bringen, dann die Hitze reduzieren, und mit geschlossenem Deckel drei bis vier Stunden köcheln lassen. Von Zeit zu Zeit den an der Oberfläche entstehenden Schaum abschöpfen.

Den fertigen Eintopf mit der gehackten Petersilie bestreuen und mit frischem knusprigem Brot servieren.

OLD TIME ORKESTRA

At dawn on Whit Sunday, a dozen of us would ride the twelve miles from the stables at Vester Vedsted across the heath to the inn at Kirkeby. The inn was just across the road from the church, as usual in these old villages. When we rode up to the inn, we did not dismount right away. We lined up in front of the inn and The Old Time Orkestra – Poulsen, Jensen and Mortensen – would come out and greet us with a fanfare. The trio played trumpet, clarinet and trombone. Then we left the horses in the paddock round the back and went in for breakfast. Eggs, cold cuts, coffee, cheese and a dram or two were tucked away by the assembled company of locals and incomers – perhaps a hundred people in all – to the muted tones of Vienna waltzes and Mozart favourites. Now the trio were on piano, violin and viola. After breakfast, some of the tables were moved aside to make room for the dancing. The Old Time Orkestra inspired the dancing with hopsa, reel, waltz and polka, on piano, fiddle and drums. As the forenoon progressed, the music morphed. Now it was saxophone, piano and drums, and swing jazz filled the dance floor.

Before we left to ride back to the stables, I secured Poulsen's telephone number. I hired them to play for my birthday party, and they did not disappoint. Poulsen was in his seventies, Jensen was older, and Mortensen, 'the new boy',

Das Old Time Orkestra

Am Pfingstsonntagmorgen ritten wir von Vester Vedsted, wo die Pferdeställe waren, zum Gasthaus in Kirkeby. Wir brachen bereits im Morgengrauen auf und dann ging es zwanzig Kilometer quer durch die Heide. Die Gaststätte lag, wie so oft in alten Dörfern, direkt gegenüber der Kirche. Als wir ankamen, stiegen wir nicht sofort ab, sondern stellten uns in einer Reihe vor dem Wirtshaus auf, und das Old Time Orkestra – Poulsen, Jensen und Mortensen – kam heraus und begrüßte uns mit einem kräftigen Tusch auf Trompete, Klarinette und Posaune. Dann brachten wir die Pferde zur Koppel hinter dem Haus und gingen hinein, um zu frühstücken. Zu den nun gedämpfteren Klängen von Wiener Walzer und bekannten Mozartstücken verdrückte die bunte Gesellschaft aus Einheimischen und Auswärtigen Eier, Aufschnitt, Kaffee, Käse und auch den einen oder anderen Schnaps. Jetzt spielten die Drei Klavier, Geige und Bratsche. Nach dem Frühstück wurden einige Tische beiseitegeschoben, um Platz zum Tanzen zu schaffen. Nun brachte das Trio die Gesellschaft mit Volkstänzen, Reels, Walzer und Polka auf die Beine, die Instrumente waren Klavier, Fiedel und Schlagzeug. Später am Vormittag ging die Musik auf der Tanzfläche dann in Swing Jazz mit Saxophon, Klavier und Schlagzeug über.

Bevor wir wieder nach Vester Vedsted zurückritten, besorgte ich mir noch Poulsens Telefonnummer. Ich engagierte dann das Old Time Orkestra für meine Geburtstagsparty und wurde nicht enttäuscht! Poulsen war in den Siebzigern, Jensen noch älter, Mortensen, der ‚junge Hüpfer', war gerade mal neunundfünfzig und spielte erst seit neunzehn Jahren mit den anderen zusammen. Meine Gäste waren von der Gruppe begeistert, und einer rief später bei Poulsen an, um sie auch für seine Party zu engagieren.
Frau Poulsen war am Telefon.

„Guten Morgen, ist Herr Poulsen da?"
„Nein."
„Ich wollte fragen, ob er am 12. September bei uns spielen kann."
„Nein."
„Vielleicht am 19.?"
„Nein."
„Dann vielleicht am 5.?"
„Er ist tot."

was a mere 59, and had played in The Old Time Orkestra no more than 19 years. The party guests were enthusiastic about the band, and one of them called Poulsen's number afterwards to hire them for his party.
Mrs Poulsen answered.

"Good morning. Is Poulsen in?"
"No."
"I was wondering if he could play for us on September 12th?"
"No."
"What about the 19th?"
"No."
"Then the 5th maybe?"
"He's dead."

Wildentenbraten

Neulich kochte ich ein Essen für zehn Personen. Dafür kaufte ich sechs Wildenten und einen großen Beutel verschiedener Wurzelgemüse und Kartoffeln. Schon am Vortag bereitete ich alles vor:

Zunächst säuberte ich das Gemüse und schälte die Kartoffeln, Letztere wurden dann fünfzehn Minuten gekocht. Das Gemüse schnitt ich in Stücke, gab es zusammen mit dem Olivenöl, Salz und Pfeffer in eine saubere Plastiktüte, und schüttelte kräftig, bis es von der Öl-Gewürzmischung gut umhüllt war. Anschließend verteilte ich das Gemüse auf einem Blech mit 2,5 cm hohen Seiten und ließ es 40 Minuten bei 150° C garen. Mit meiner kleinen Spitzzange, die ich sonst zum Entfernen von Gräten und anderen unerwünschten Dingen benutze, bereitete ich die Enten vor und zog die Federkiele heraus, die beim Rupfen übersehen worden waren. Dann säuberte ich die Wildenten, gab jeweils drei in einen dickbodigen Topf und briet sie in ausgelassenem Speck bei mittlerer Hitze von jeder Seite etwa fünf Minuten an. Die angebratenen noch warmen Enten rieb ich innen und außen mit Salz und den Kräutern ein, legte jeweils eine Zitronenscheibe hinein und gab alles wieder zurück in die Töpfe. Mit Brühe, Wein und Milch aufgefüllt, bis das Geflügel etwa zu einem Viertel bedeckt ist, ließ ich die Enten schließlich bei geschlossenem Deckel 50 Minuten köcheln.

Am nächsten Tag musste ich dann nur noch die Kartoffeln fünf Minuten lang gar kochen und die Enten unter dem Grill knusprig braun braten.

Den Bratensaft schöpfte ich ab, seihte ihn durch und rührte etwas Flüssigkeit vom Gemüseblech hinein, das ergab eine schmackhafte Soße.

Hier sind die Zutaten für zehn Personen:

6 Wildenten
6 dicke Scheiben Speck
1 Zitrone
30 ml Olivenöl
jeweils 1 Teelöffel getrockneter Thymian, Basilikum, Oregano und Rosmarin
25 ml Rotwein
25 ml Milch
450 ml Fleischbrühe
2 kg Kartoffeln
jeweils 300 g Rote Beete, Karotten, Zwiebeln, Pastinaken, Knollensellerie, Steckrüben
Salz und Pfeffer

Roast Wild Duck

I was doing dinner for ten the other day, and bought six mallards and a big bag of mixed root vegetables. I washed and peeled the veg the day before, and boiled the potatoes for 15 minutes. I cut the other vegetables into chunks, threw them into a clean plastic bag with the olive oil, salt and pepper, tumbled them about to coat the chunks with seasoned oil, poured the lot on to an oven tray with 2.5 cm sides and roasted them in the oven for 40 minutes at 150°. Using the needle-nose kitchen pliers I keep for removing fish bones and other undesirables, I tidied up the mallards, pulling out the feather roots the plucker had missed. I washed the ducks and browned three in bacon fat in each of my heavy-bottomed pots over medium heat, giving them five minutes a side before turning them. The warm, oily carcasses I sprinkled inside and out with salt and herbs then laid a slice of lemon in each bird. Back into the pots, quarter-cover with the stock, wine and milk - no need to use cream, ducks are oily enough - and let them simmer covered for 50 minutes. All I had to do on the day of the dinner was boil the potatoes for a final five minutes and grill the ducks to give them some colour. I skimmed and strained the stock the ducks had simmered in, and stirred in some of the juice from the vegetable tray to make a tasty gravy.

Here are the ingredients to serve ten people (the other recipes are usually for four):

Six mallards
six thick slices of bacon
1 lemon
30 ml olive oil
1 tsp each dried thyme, basil, oregano and rosemary.
25 ml red wine
25 ml milk
450 ml bouillon
2 kg potatoes,
300g beetroot, 300g carrots,
300g onions, 300g parsnips,
300g root celery, 300g turnip
salt & pepper

CANT & SKINK

At St. Andrews Bus Station we met Davie Stewart off the bus from Turrif. Dressed as if for some formal occasion, in blue serge suit, white shirt and tie, carrying his battered melodion over his shoulder, Davie was the main guest that Sunday evening at the St. Andrews Folk Song Club.

The conductress had woken Davie in time for St. Andrews. He was really tired. We walked with him down to the Star Hotel where he had a half pint, then fell asleep in a chair near the area we used as a stage. He woke up as the floor singers opened the evening. We introduced Davie after about half an hour. He stood tall, faced the audience – full house as usual – and said, "Good evening ladies and gentlemen. I've been here before, and I'll be here be five." Then he launched into McPherson's Farewell.

Auld Davie wheezed as much as his old accordion. His teeth did not fit too well, so his delivery was sometimes sloshy. But the songs and stories rang true, like messages from another time. Davie was the source of some of the best-known songs of the Scottish traditional folk song revival.

After his first set – half an hour or so of songs accompanied in his inimitable style - Davie sat down at the side and promptly fell asleep. There was a break, the raffle, a short set from us floor singers, and then we woke Davie for his second set. He shuffled back to front stage.

"Ladies and gentlemen, I've been here before, and I'll be here be five," and he gave us McPherson's Farewell once more. He would have given us the same set again, if we hadn't gently pointed out that we would like to hear some of his other songs. Davie's second set was just as magnificent as his first.

After the Folk Club, a bunch of us regulars drove up to Peat Inn, up the hill south west of St. Andrews, for a party. Beer, songs, stories, and Davie in the midst of it all, not so tired any more. I was billetted along with Davie in a room at the cottage. He was a hard man to share with. He puffed and blew, hacked and coughed, and moaned "Michty me. Aw gawd amichty," all night.

But in the morning he was as right as rain and teaching me the tinkers' cant. When he told me that the cant for matches was 'speechkies', I could tell him that the Russian for matches is 'speechky'.

Davie's response was, "Ocht, aye, Ah ken. They tak' it fae onywhaur."

SPRÜCHE ...

Wir holten Davie Stewart, ein Urgestein der traditionellen schottischen Musik, vom Bus aus Turrif ab. Er trug seinen besten Anzug, dunkelblau, weißes Hemd und Krawatte; sein Akkordeon, fast ebenso alt wie er und schon recht ramponiert, hatte er über die Schulter gehängt. Davie sollte an jenem Sonntag als Gast im Folkclub von St. Andrews den Hauptteil des Abends bestreiten.

Die Busschaffnerin hatte ihn kurz vor St. Andrews wecken müssen, er war hundemüde. Wir gingen vom Busbahnhof hinunter zum Star-Hotel, wo er erst einmal ein Bier trank und dann auf seinem Stuhl neben der provisorischen Bühne wieder einschlief. Er wachte erst auf, als Musiker aus dem Publikum das Programm eröffneten. Eine halbe Stunde später sagten wir dann seinen Auftritt an. Aufrecht und selbstbewusst stand er nun da - der Saal war wie immer bis auf den letzten Platz gefüllt - und begann: „Hochverehrtes Publikum! Hier hab' ich ja schon einmal gespielt, aber wie Sie wissen, einmal ist keinmal und deshalb hören Sie mich zweimal!" Dann ging es auch schon los mit ‚McPherson's Farewell'.

Dabei schnaufte Davie genau so laut wie sein altes Akkordeon. Sein Gebiss saß nicht richtig, weshalb die Texte manchmal etwas feucht herüberkamen. Aber seine Lieder und Geschichten klangen absolut authentisch, Botschaften aus einer vergangenen Zeit. Von ihm stammen einige der bekanntesten Songs des schottischen Folk-Revivals.

Nach dem ersten Set, er sang etwa eine halbe Stunde begleitet von seinem unverwechselbaren Akkordeonspiel, setzte er sich wieder neben die Bühne - und schlief auf der Stelle ein! Nach der Pause folgten dann eine Tombola, ein paar spontane Stücke von weiteren Musikern aus dem Publikum, und schließlich weckten wir Davie wieder zu seinem zweiten Auftritt.

Woraufhin er auf die Bühne schlurfte: „Hochverehrtes Publikum! Hier hab' ich ja schon einmal gespielt, aber wie Sie wissen, einmal ist keinmal und deshalb hören Sie mich zweimal!" Und es folgte wieder ‚McPherson's Farewell'. Davie war drauf und dran, genau das gleiche Programm zu spielen wie beim ersten Mal, hätten wir ihm nicht höflich bedeutet, dass wir gern auch noch andere seiner Stücke gehört hätten.

Nach dem Konzert zog man wie üblich zum Peat Inn, auf einer Anhöhe südwestlich von St. Andrews, um dort wie immer an einem solchen Abend noch ausgiebig zu feiern. Lieder, Geschichten, reichlich Bier und Davie mittendrin! Seine Müdigkeit war wie weggeblasen. Später teilten Davie und ich uns ein Zimmer in einem Cottage, was sich als recht anstrengend herausstellte. Die ganze Nacht prustete, keuchte und hustete er, stöhnte: „Ach Du meine Güte! Allmächtiger Gott...!" Aber kaum aufgewacht, war er wieder frisch wie der junge Morgen und begann, mir Begriffe aus dem Rotwelsch der fahrenden Leute beizubringen. Als er mir erklärte, dass ‚Speechkics' Streich-

Cullen Skink

Cullen skink is a traditional Scots fish stew which is popular all over the country to this day. Cullen is a town on the banks of the Moray Firth, and skink is a Gaelic word meaning essence. To make cullen skink you need:

> 1 kg smoked haddock
> 150g chopped onion
> ¾ litre milk
> 50g butter
> 300g mashed potato
> Salt and pepper

Put the haddock into a shallow pan, skin side down, cover it with cold water, bring to the boil and simmer for 4 minutes. Turn the fish and remove the skin. Add the sliced onion, cover and simmer very gently for about 10 minutes. Lift the fish out, remove all the bones, add them to the stock and simmer again for about 20 minutes, then strain. Pour stock and milk into a saucepan, add the fish, bring to the boil, then add the mashed potato. Add the butter in very small pieces and season to taste.

hölzer seien, erwiderte ich, dass ‚Streichholz' auf Russisch ‚Speechky' hieße. Seine Antwort, in schönstem schottischem Dialekt: „Ocht, aye, Ah ken. They tak'it fae onywhaur." Was etwa bedeutet „Ach ja, ich weiß! Die nehmen, was sie kriegen können!"

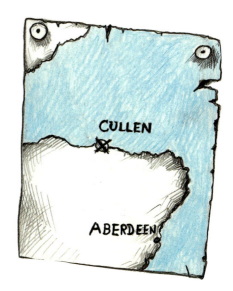

Cullen Skink

Dies ist ein traditioneller, auch heute noch sehr beliebter schottischer Fischeintopf. Der Name setzt sich zusammen aus ‚Cullen' - eine Stadt am Moray Firth - und ‚Skink', ein altes gälisches Wort, das in diesem Zusammenhang Suppe bedeutet. Für die Zubereitung benötigt man:

>	1 kg geräucherter Schellfisch
>	150 g gehackte Zwiebeln
>	3/4 l Milch
>	50 g Butter
>	60 ml Olivenöl
>	300 g Stampfkartoffeln
>	Salz und Pfeffer

Die Schellfischstücke mit der Hautseite nach unten in einen flachen Topf legen, so viel kaltes Wasser zugeben, dass der Fisch gerade bedeckt ist, kurz aufkochen und anschließend vier Minuten köcheln lassen. Den Fisch wenden und die Haut entfernen. Die gehackten Zwiebeln zugeben und mit geschlossenem Deckel etwa 10 Minuten ziehen lassen. Den Fisch heraus nehmen, alle Gräten entfernen und zurück in die Brühe geben, diese weitere 20 Minuten lang bei kleiner Hitze köcheln und abseihen. Brühe und Milch in einen Topf gießen, den Fisch hineingeben, alles zum Kochen bringen und dann die Stampfkartoffeln hinzufügen. Die Butter stückchenweise zugeben und alles mit Salz und Pfeffer abschmecken.

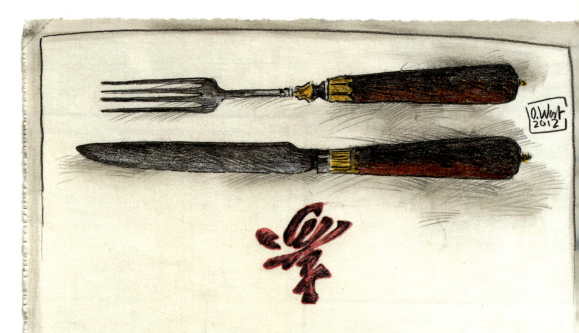

NUMBER THREE SON

My mother was a bunkwife. She kept students. Two, sometimes three, first girls, then men when I started taking too much interest in the girls. The lodgers were on half board: bed and breakfast and evening meal. At the weekends they had all their meals at our house. Some became family friends and still keep in touch.

One day Miss Reid phoned from the University Accommodation Bureau: could Mum take a boy from Singapore? Chan, standing in the office, could clearly hear Mum's hesitation. "A Chinaman? In my house?" Chan came along to the house nonetheless. He was invited in, and over a cup of tea Mum and he agreed on a fortnight's trial period. Chan stayed with Mr and Mrs Sinclair for two years, and became the family's number three son. At first, Chan patiently explained to Mum that he was not a Chinaman, he was Singaporean; but he ultimately gave up. Mum received lavish presents from Chan's father, an officer in the Singapore police, and years later, when my parents retired and travelled with Saga tours to Singapore, the Chan family showed them great hospitality. She still gets orchids from them every New Year. When I played in Singapore in December 2009, Chan showed me the town and treated me to a meal at Raffles.

SOHN NUMMER DREI

Meine Mutter vermietete möblierte Zimmer an Studenten. Zwei, manchmal auch drei wohnten immer bei uns zur Untermiete. Zuerst waren es junge Frauen, aber als meiner Mutter dann irgendwann mein Interesse an den Studentinnen zu groß wurde, nahm sie nur noch Männer. Sie vermietete mit Halbpension, also mit Frühstück und Abendessen, aber am Wochenende gab es auch die übrigen Mahlzeiten bei uns. Einige Mieter wurden zu Freunden der Familie und halten bis heute Kontakt.

Eines Tages rief Frau Reid von der studentischen Zimmervermittlung an: Ob Mutter wohl ein Zimmer für einen Studenten aus Singapur habe? Chan stand dabei neben Frau Reid im Büro und bekam genau mit, dass meine Mutter zögerte: „Ein Chinese? In meinem Haus?" Trotzdem stellte er sich vor, wurde zu einer Tasse Tee eingeladen, und man einigte sich auf eine zweiwöchige Probezeit. Chan wohnte dann zwei Jahre bei meinen Eltern und wurde für sie Sohn Nummer drei. Immer wieder versuchte Chan, meiner Mutter zu erklären, dass er kein Chinese sei, sondern aus Singapur komme, aber irgendwann gab er dann schließlich auf. Mutter bekam großzügige Geschenke von Chans Vater, der in Singapur Polizeibeamter war. Als meine Eltern viele Jahre später als Rentner die Stadt mit einer Reisegesellschaft besuchten, wurden sie von Chans Familie überaus gastfreundlich aufgenommen. Noch heute schicken sie meiner Mutter zu jedem Neujahrsfest Orchideen. Als ich Jahrzehnte später, im Dezember 2009, in Singapur spielte, zeigte mir Chan die Stadt und lud mich anschließend zum Essen im Raffles ein.

Chan's Fail-safe Rice Method

Every other Friday, Chan would take the train to Dundee and shop at the Chinese supermarket there. Then he would cook a meal for Mum and Dad. Mum saw how Chan cooked separate, fluffy rice. She passed on the method to me and brother Neil, though she claims she cannot do it herself.

Pour 150g rice per person into a sieve and rinse the starch off in cold water. Throw your rice into a thick-bottomed pot. Shake the pot gently until the rice is lying flat. Point your index finger at the rice, just touching the surface. Pour cold water into the pot until it reaches the first knuckle of your finger. Add a little salt, close the lid tightly and do not open. Place the pot on the heat, leaving the lid closed until the end of the operation. When you hear the water boiling, turn the heat off. Do not lift the lid. Start the rice before you prepare the rest of the meal, then it'll all be ready together. Did I mention the lid has to remain tightly closed?

Chans todsichere Methode, perfekten Reis zu kochen

Jeden zweiten Freitag fuhr Chan mit dem Zug nach Dundee und kaufte dort im chinesischen Supermarkt ein. Anschließend kochte er für meine Eltern. Meine Mutter schaute zu, wie Chan Reis zubereitete, der ganz locker und körnig war. Sie behauptete zwar, sie könne das nicht nachkochen, gab aber das Rezept meinem Bruder Neil und mir weiter:

150 g Reis pro Person in ein Sieb schütten, mit kaltem Wasser waschen, um die Stärke zu entfernen. Den Reis in einen schweren Topf mit dicht schließendem Deckel geben. Den Topf leicht rütteln, damit sich der Reis gleichmäßig über dem Topfboden verteilt. Mit kaltem Wasser auffüllen, bis das Wasser einen Daumen breit über dem Reis steht. Leicht salzen, Deckel fest schließen – und geschlossen lassen! Den Reis zum Kochen bringen und sobald man hört, dass das Wasser zu sieden beginnt, die Herdplatte ausstellen. Auf keinen Fall den Deckel öffnen! Am besten setzt man den Reis auf und bereitet, während er kocht, alles andere zu. Dann ist alles gleichzeitig fertig. Übrigens, habe ich eigentlich schon erwähnt, dass der Deckel unbedingt geschlossen bleiben muss?

FROM THE HORSE'S MOUTH

Eels are getting hard to find, and may be in danger of extinction. Or it may be that climate change is changing the direction of the Gulf Stream, so the eels are skipping Northern Europe and going elsewhere. The famous scene in Gunther Grass' novel The Tin Drum, where they pull from the pond a severed horse's head full of wriggling eels, epitomises many people's attitude to eels. Snakelike, not an endearing creature, and not something you would let into your kitchen. Danish pals of mine were camping on a site near Wexford. They caught some eels in the river that ran by the field, cleaned and skinned them and sat down to enjoy a fry-up. They were thrown off the site by the proprietor, with the words, "We don't eat snakes in Ireland!" Later on the same trip, they were thrown out of swimming baths near Cambridge for taking a shower without their swimming trunks. Though that has very little to do with eels. In Denmark, back in the days when eels were plentiful, they would throw an old car tyre on a rope into the pond and, a few days later, pull it out full of eels. For in Denmark eels are considered a delicacy.

Eels were caught by lighting: rowing out at night with a powerful lamp hanging over the boat's bow, and spearing the eels that the light attracted. The spear had three to nine vicious, sharply serrated prongs, a weapon that would have given King Neptune second thoughts, and was banned by Danish law years ago. There are more humane, and still legal, methods of catching eels. They are netted in long, funnel-shaped traps.

The Danes 'tat' eels: you fill the toe of an old nylon stocking with

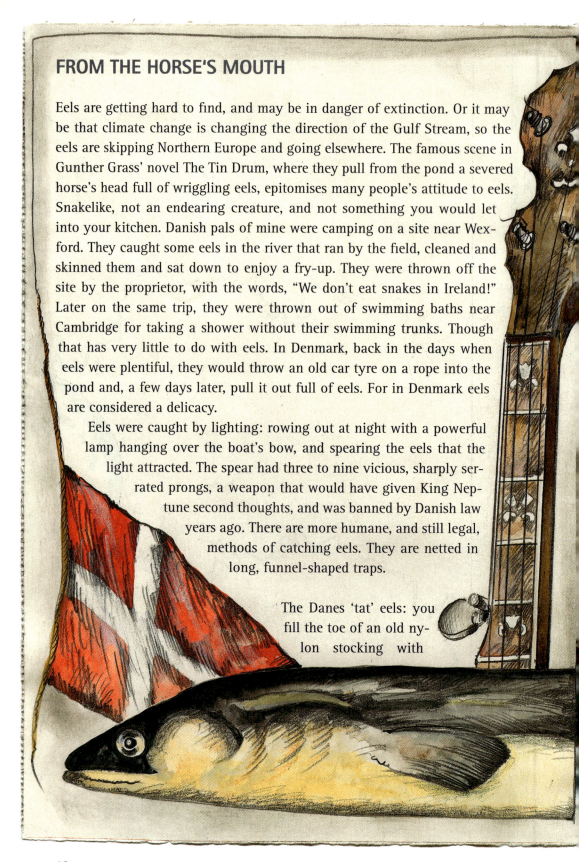

EINEM GAUL AUS DEM MAUL

Aale werden immer seltener, möglicherweise sind sie ja inzwischen sogar vom Aussterben bedroht. Oder vielleicht ändert sich durch den Klimawandel auch die Fließrichtung des Golfstromes, sodass sie einen Bogen um Nordeuropa machen und woandershin schwimmen. Die berühmte Szene aus Günther Grass ‚Blechtrommel', in der ein abgetrennter Pferdekopf voller sich windender Aale aus einem Teich gezogen wird, steht genau für das, was die meisten Leute mit diesem Tier verbinden. Es sieht aus wie eine Schlange, ist alles andere als liebenswert und in der Küche mag man es schon gar nicht haben. Dänische Freunde zelteten einmal in der Nähe der irischen Stadt Wexford. Im nahegelegenen Fluss fingen sie einige Aale, die sie säuberten und häuteten. Gerade als sie es sich gemütlich machten, um ihren Fang zu braten, erschien der Besitzer und warf sie mit den Worten „In Irland essen wir keine Schlangen!" von seinem Land. Später auf der gleichen Reise wurden sie übrigens auch noch aus einem Schwimmbad hinausgeworfen, weil sie unter der Dusche ihre Badehose ausgezogen hatten. Aber das hat ja mit Aalen eigentlich wenig zu tun.

Früher, als es noch viele Aale gab, warf man in Dänemark alte Autoreifen an einer Leine ins Wasser und zog ihn dann einige Tage später voll mit Aalen wieder heraus. Denn die Dänen schätzen Aale als Delikatesse.

Aale fing man auch mit Lichtfischerei: Man ruderte nachts hinaus, hängte am Bug eine starke Lampe auf und stach die Aale, die durch das Licht angezogen wurden, mit einer Aalgabel. Diese hatte zwischen drei und neun gefährliche, mit scharfen Zähnen versehene Zinken, bei deren Anblick selbst Neptun mulmig geworden wäre. Aalgabeln sind in Dänemark bereits seit Jahren gesetzlich verboten. Es gibt aber auch weniger grausame und heute noch erlaubte Fangmethoden, wie beispielsweise mit Reusen, langen trichterförmigen ‚Fischfallen' aus Netzen.

In Dänemark fängt man Aale auch mit Lumpen: Man füllt die Spitze eines alten Nylonstrumpfes mit Würmern und setzt eine große, mit einem Gewicht beschwerte Plastikschüssel ins Wasser. Die Aale verbeißen sich in den Strumpf, und da sie nach hinten gebogene Zähne haben, kann man sie mit einem raschen Zug in die tief eingetauchte Schüssel befördern. An einem Samstagabend im September gingen John und ich mit dieser Methode auf Aalfang. Im Gras am Ufer des Kanals wimmelte es genauso von Aalen wie im Wasser. Um zurück ins Meer zu gelangen nehmen Aale jeden nur denkbaren Weg, auch wenn sie sich durch nasses Gras schlängeln müssen. Sie schwimmen dann quer durch den Atlantik zur Sargassosee nördlich der Karibik um sich dort zu paaren, zu laichen und zu sterben - das nimmt man jedenfalls an, denn gesehen hat es noch niemand.

worms, and lay a weight in the bottom of a big plastic basin. The eels are caught on the worm-filled stocking by their back-turned teeth. You flick the eels into the basin floating low in the water. On the September Saturday night John and I spent catching eels this way, the grass alongside the canal was almost as full of eels as the water. Eels make their way back to the sea by any available route, even if it means wriggling through wet grass. They swim back across the Atlantic to the Sargasso Sea, north of the Caribbean, to breed, spawn and die - it is assumed. No one has seen it.

Fried Eel

Eels are so slippery that it's best to hold them with a cloth. Throwing them into a bucket of sal-ammoniac is one way of removing the slime from their skin, but too chemical for my taste. Then you remove the head and guts, wash the eels and cut them into two-inch lengths, roll them in seasoned flour and fry them in butter or sunflower-seed oil. At least once a year, in the late autumn, Danes would gather for an eel feast. On the table would be dishes of fried eel, boiled potatoes, rye bread and butter, a few sprigs of parsley and a lettuce leaf or two for those who liked green things, and many different kinds of snaps. One of the attractions of eating eels is that there are no complicated bones. When you had sucked the tender meat off the backbone, you laid the lengths of white serrated bone along the edge of your plate, aiming for two complete circuits. Modest consumers would lay the bones end to end, while gluttons could fill the plate rim with bones side by side.

    This was assisted by a 'skål' of snaps with each section of eel, just as Scots aid the digestion of haggis with whisky. Today, the Danish word skål means a bowl, or dish. It is also used for 'Cheers!' Some claim the word has the same root as skull - the dish your brain lies in. Vikings, it is said, used their late enemies' brain pans as drinking vessels. Sounds likely.

Gebratener Aal

Aale sind so glitschig, dass man sie am besten mit einem Tuch anfasst. Um den Schleim zu entfernen, kann man sie auch in einen Eimer mit Salmiakwasser werfen. Für meinen Geschmack ist dabei allerdings zu viel Chemie im Spiel. Der Kopf wird abgeschnitten, der Aal ausgenommen, gewaschen und in etwa sechs Zentimeter lange Stücke geschnitten. Diese werden in Mehl und Gewürzen gewälzt und dann in Butter oder Sonnenblumenöl gebraten.

Mindestens einmal im Jahr, im Spätherbst, trifft man sich in Dänemark zu einem großen Aalessen. Auf den Tisch kommen dann Schüsseln mit gebratenem Aal, gekochten Kartoffeln, Roggenbrot mit Butter und vielen verschiedenen Sorten Schnaps. Etwas Petersilie und das eine oder andere Salatblatt sind auch dabei, falls zufällig jemand in der Gesellschaft eine Vorliebe für Grünzeug haben sollte. Ein Vorteil von Aal ist, dass man sich nicht mit Gräten abmühen muss. Man lutscht das zarte Fleisch vom Rückgrat ab und legt dieses dann auf den Tellerrand mit dem Ziel, zwei komplette Kreise zu bilden. Bescheidene Esser legen die Stücke so, dass sich die Enden eben berühren, gefräßige Zeitgenossen lassen sie weit überlappen.

Genau so wie die Schotten ihr Haggis mit reichlich Whisky begießen, wird zu jedem Stück Aal ein ‚Skål' Schnaps getrunken, um die Bekömmlichkeit zu fördern. Heute steht das dänische Wort ‚Skål' für ‚Schale' oder ‚Schüssel', es heißt aber auch ‚Prost!' Manche Leute behaupten, der Wortstamm sei der gleiche wie der des Wortes Schädel, der ‚Schale', in der sich das Gehirn befindet. Angeblich haben die alten Wikinger die Schädel ihrer besiegten Feinde als Trinkgefäße benutzt. Klingt nicht so ganz unwahrscheinlich, oder...?

FAROE WAY

Flying in over the Faroe Islands for the first time in October 1980, I saw what looked like a tray of irregular-shaped cakes topped with white icing on the flecked, blue-grey tablecloth of the North Atlantic. I assumed that thousands of sea birds were responsible for the icing, but it was snow. Kontraband were to be playing concerts all over the archipelago, arranged by Kristian Blak, a Dane who has been living in the capital, Tórshavn, since 1974. Kristian and his American wife, Sharon Weiss (what else?), live in the smallest house in the islands, Reynagöta 12, on Tinganæs, in the historical heart of Tórshavn.

At lunch in the Blak-Weiss kitchen, Kristian asked if we would care for a radish with our cheese. Without leaving his seat, he reached out the window and picked four radishes from among the grass on the roof.

On a later visit, with Sula this time, we sailed out to Mykines, the westernmost of the Faroe Islands. Mykines lies like a ship with a serious list, its green deck tipping steeply towards the south. The northern coast is sheer cliffs that drop 125 metres to the Atlantic. Half-buried in the grass on the brink, wooden poles offer a runway for the thick ropes they lower the gannet-hunters on. After Sula's concert in Sörvágur we met a nineteen year-old man who proudly told us he was the one they lowered over the cliff edge to slit the necks of young gannets. It is done at night while the birds are asleep on their ledges. A torch and a little knife are his only tools. You have to mind their beaks, he said. They'll break your fingers two at a time if they get the chance. A gannet is the size of a small goose, so hoisting them up on the rope would take all night. He drops the gannet corpses into the sea 300 feet be- low, where they are

AUF DEN FÄRÖERN

Als ich im Oktober 1980 zum ersten Mal die Färöerinseln besuchte, erschienen sie mir beim Landeanflug wie unregelmäßig geschnittene, oben mit Zuckerguss überzogene Kuchenstücke, die auf einem Tablett auf dem blaugrauen schaumgesprenkelten Tischtuch des Nordatlantiks standen. Zuerst dachte ich, dass Tausende von Seevögeln diesen Zuckerguss bildeten, stellte dann aber fest, dass es sich um Schnee handelte.

Kontraband sollte auf mehreren dieser Inseln Konzerte geben. Organisiert hatte sie Kristian Blak, ein Däne, der seit 1974 in der Hauptstadt Torshavn lebt. Kristian und seine amerikanische Frau, Sharon Weiss (wie passend!) wohnten im kleinsten Haus der Inseln, Reyngøta 12, im historischen Zentrum der Hauptstadt auf der Halbinsel Tinganes. Als wir dann dort in der Blak & Weiss - Küche beim gemeinsamen Mittagessen saßen, fragte uns Kristian, ob wir vielleicht ein paar Radieschen zum Käse wollten, langte ohne aufzustehen aus dem Fenster und zog vier Radieschen aus dem Grasdach.

Mykines, die westlichste Färöerinsel, liegt im Atlantik wie ein Schiff mit schwerer Schlagseite; das grasgrüne Deck neigt sich bedenklich nach Süden. Die Nordküste dagegen besteht vollständig aus Felsklippen, die 125 Meter zum Ozean abfallen. An der Kliffkante stehen, halb im Gras versteckt, hölzerne Pfähle als Führung für die starken Leinen, mit denen die Tölpeljäger abgeseilt werden. Nach dem Konzert unserer Gruppe Sula in Sørvagur lernten wir einen neunzehnjährigen jungen Mann kennen, der uns stolz erzählte, er sei einer derjenigen, die nachts über den Klippenrand hinabgelassen würden, um den jungen Tölpeln, die dort auf Simsen und Felsvorsprüngen schliefen, die Kehle durchzuschneiden. Eine Taschenlampe und ein kleines Messer - das sei seine ganze Ausrüstung. Man müsse sich sehr vor den Schnäbeln in Acht nehmen. Sie könnten, so sagte er, einem damit zwei Finger gleichzeitig brechen, wenn man nicht aufpasse.

Tölpel sind etwas kleiner als Gänse. Die erlegten Vögel mit der Leine nach oben zu ziehen würde die ganze Nacht dauern. Deshalb lässt er sie 100 Meter tief in den Atlantik fallen, wo man sie dann am nächsten Morgen von einem Boot aus einsammelt. Die Vögel gelten auf einigen der Inseln als Delikatesse.

Auf den Färöern läuft in jedem Haus ständig das Radio. Ab und zu wird das tägliche Leben durch die Meldung „Grind!" unterbrochen. Eine Schule Grindwale ist gesichtet worden! Was dann geschieht, gleicht einem Feueralarm und jeder ist ein Feuerwehrmann. Werkzeuge werden einfach fallen gelassen, Büroarbeit unterbrochen, man stürzt zu den Autos, Busse kehren mitten auf der Strecke um, Fahrräder jagen durch die Gegend - alle Mann an Deck! Und hinunter zum Fjord, der im Radio genannt wurde! Dort werden die etwa delfingroßen Wale bis in die äußerste Spitze getrieben, um sie dort zu schlachten. Wie Hütehunde treiben kleine Boote die Tiere in

picked up by boat the next morning. Gannet is enjoyed as food on several of the eighteen Faroe islands.

In a Faroese home the radio is always on. Faroese life is sometimes interrupted by the call of "Grind!" (Say grin, as in broad smile, then add t). A pod of pilot whales has been sighted. It's as if a fire has broken out, and everybody is a fireman. Tools are dropped, desks are abandoned, cars fill, buses pull u-turns, bikes race, all hands on deck, down to the end of the fjord specified on the radio. The pod of dolphin-sized whales is shepherded into the end of the fjord for slaughter. The small boats out in the bay work together like sheepdogs to chase the whales into the shallows, the men jump into the water and butcher the whales with long knives, the water turns red, the beach becomes a mortuary lined with whale corpses. The meat is divided between the butchers and the other townspeople, with shares for the minister, church choir leader and other local dignitaries. As in any sensible butchery, nothing is wasted. The guts go back in the water to feed the gulls and fish, the whale meat is mostly hung under the eaves to dry in the salty Faroese wind.

Hans Jacob invited me out fishing in his boat. Before we left, I volunteered to make sandwiches for lunch. "I've got our lunch," said Hans Jacob. In the windy, choppy channel between Streymoy and Nolsoy, Hans Jacob produced a hunk of dried pilot whale meat, the size and colour of a riot police rubber bullet, and a half bottle of snaps. The knife came out, a thin round sliced off the top of the grind bullet. You give your saliva a chance to soften the slice in your mouth, then the taste and texture become recognisable: this is good food, firm-textured, with a deep taste of rich, protein-packed, dark meat. When it got cold and snow flakes started to fly around our heads, Hans Jacob fastened one of the buttons at the neck of his brown pullover.

Hans Jacob's boat is an open, 20-foot dory, its high prow proving its Viking ancestry. Through a large ring on each gunwhale passes a line with a two-inch hook decked out with orange bicycle valve rubber every 40 cms. Hans Jacob cut the boat's speed to a couple of knots, held the wheel with his knee and passed the line from right to left through the rings. The huge loop behind the boat hung about six feet beneath the surface, and the saithe came writhing over the gunwhale to be pulled off the hooks and dumped in the well. The saithe were cleaned and gutted. The livers were set to one side, carefully inspected for worms, and boiled in a separate pot, to preserve the flavour. That evening we ate the boiled fish with potatoes, with the livers on the side, as a spicy condiment.

der schmalen Bucht vor sich her, bis sie im flachen Wasser sind, die Männer springen heraus und töten eines nach dem anderen mit langen Messern. Rot färbt sich das Wasser vom Blut, der Strand ein Leichenschauhaus, wo aufgereiht die toten Wale liegen. Das Fleisch teilen die Schlächter mit den anderen Einwohnern; für den Pfarrer, den Leiter des Kirchenchores und andere Lokalgrößen gibt es etwas mehr. Wie bei jedem ordentlichen Schlachtfest wird auch hier nichts vergeudet. Die Eingeweide werden zurück ins Wasser geworfen und dienen so den Möwen und Fischen als Futter, das Fleisch hängt man meistens unter den Dachvorsprüngen auf, wo es dann der salzhaltige Wind trocknet.

Eines Tages lud mich Hans Jacob ein, mit ihm auf seinem Boot zum Fischen hinauszufahren. Vor unserer Abfahrt bot ich an, belegte Brote als Proviant mitzunehmen. „Ich hab' schon alles dabei," meinte Hans Jacob nur. In der windigen und kabbeligen Mehrenge zwischen den Inseln Streymoy und Nolsoy holte er dann die Verpflegung heraus: ein Stück Grindwalfleisch von der Größe und Farbe eines Gummigeschosses und eine halbe Flasche Schnaps. Er zog sein Messer und schnitt eine dünne Scheibe von diesem Grindwalgummi ab. Man muss den Bissen eine Weile im Mund haben durch den Speichel aufweichen lassen, damit man den Geschmack und die Beschaffenheit richtig wahrnehmen kann: Es schmeckt wirklich gut, nach festem, gehaltvollem, eiweißreichem, dunklem Fleisch. Als es dann kälter wurde und Schnee um uns herum stob, schloss Hans Jacob nur einen weiteren Knopf an seinem braunen Pullover.

Hans Jacobs Boot ist ein sechs Meter langes offenes Boot, dessen hochgezogener Bug an die alten Wikingerschiffe erinnert. Durch einen großen, auf jeder Seite am Dollbord befestigten Ring ist eine Endlosleine geführt, an der sich in Abständen von etwa 40 Zentimetern sechs Zentimeter lange Haken befinden. Diese sind mit orangefarbenem Fahrradventilgummi versehen. Während Hans Jacob die Endlosleine in einer großen Bucht nachschleppte, reduzierte er die Fahrt seines Bootes auf wenige Knoten. Die große Leinenschlaufe hinter ihm hing dabei etwa zwei Meter unter der Oberfläche. Wenn Seelachse angebissen hatten, steuerte er mit dem Knie und zog die Leine durch

Fish Pie

750g saithe, pollock or other white fish.
500ml milk
12g butter
12g flour
800g potatoes (it never hurts to have extra potatoes)
400g green peas
Salt, pepper, mace

Boil the potatoes in lightly salted water and a cup of milk, until they are mashable. In another pan, poach the fish - boneless - in the rest of the milk for ten minutes. Lift the fish out and pour a couple of spoonfuls of the warm milk into your sauce-shaker. I use a plastic jar with a tight-fitting lid. Glass is hot to hold when using hot liquids, and the build-up of pressure can be dangerous. Remember to loosen the lid at intervals when shaking hot stuff. Add a tablespoonful of flour to the milk, shake, and pour the mixture into the pan with the butter, stirring all the while. Break the fish into the creamy sauce. Salt, pepper and a sprinkle of ground mace give the seasoning I like. Pour the mixture into a pie dish. Cover with mashed potatoes, then furrow the top with a fork. It is decorative and the peaks of the furrows brown and crisp in the hot oven, giving the pie covering a pleasant crunch. Bake in a hot oven for about half an hour and serve topped with parsley and green peas alongside.

die Ringe. Die zappelnde Beute fiel dann ins Boot und musste nur noch vom Haken genommen und in den Fischkasten geworfen werden. Die Fische wurden geschuppt, ausgenommen, ihre Lebern wurden beiseitegelegt, sorgfältig auf Würmer untersucht und in einem anderen Topf gekocht, um den Geschmack zu erhalten.
Zum Abendessen gab es dann Kochfisch, Kartoffeln und dazu pikante Fischleber.

Fischauflauf

> 750 g Seelachs oder ein anderer Weißfisch
> 500 ml Milch
> 12 g Butter
> 12 g Mehl
> 800 g Kartoffeln (oder mehr,
> sie können gut weiter verwertet werden)
> 400 g Erbsen
> Salz, Pfeffer, Muskat, gehackte Petersilie

Die Kartoffeln in leicht gesalzenem Wasser mit einer Tasse Milch kochen, bis sie die richtige Konsistenz zum Zerstampfen haben. Fisch entgräten, mit der übrigen Milch in einer Pfanne zehn Minuten lang pochieren und wieder heraus nehmen. Mehrere Esslöffel Milch aus der Pfanne in einen Soßenmixbecher füllen (ich benutze dazu ein Plastikgefäß mit dicht schließendem Deckel, denn Glas wird sehr heiß, ist dann kaum anzufassen und wenn sich Druck aufbaut, nicht ganz ungefährlich. Und nicht vergessen: Beim Aufschütteln heißer Flüssigkeiten zwischendurch immer mal den Deckel kurz öffnen.) Einen Esslöffel Mehl zur Milch hinzugeben, gut schütteln und das Ganze unter ständigem Rühren mit der Butter zurück in die Pfanne gießen. Den Fisch in kleine Stücke teilen und dazugeben. Mit Salz, Pfeffer und ein wenig geriebener Muskatnuss würzen (so mag ich es am liebsten). Die fertige Mischung in eine Auflaufform gießen, mit den Stampfkartoffeln bedecken und in die Oberfläche mit einer Gabel Furchen ziehen. Das sieht gut aus, die Kämme zwischen den Furchen werden im heißen Ofen knusprig-braun und die Kruste wird besonders kross. Alles im heißen Ofen etwa eine halbe Stunde überbacken, mit Petersilie bestreuen und zusammen mit den Erbsen servieren.

THE HARBOUR BARBER

The old harbour front in Ribe is called Skibbroen. Svend Hansen had a little barber shop there, so they called him the Harbour Barber. A good-humoured man, he always carried his mouth organ in his pocket and was always quick with his store of songs, stories and tricks to delight the children and their parents. He played accordion too, and would sometimes leave a customer waiting in the barber's chair while the barber sat on the bench outside, practising a number. Svend the Harbour Barber was active in the resistance movement during the 1940-45 Nazi occupation of Denmark. One of the Ribe group was captured in Copenhagen with a notebook containing the names of resistance fighters in Ribe. Svend and a dozen of his resistance comrades were rounded up by the Gestapo and temporarily imprisoned in a garage on the edge of town. Not being one to sit idle for long, the Harbour Barber pulled out his mouth organ and soon had the company humming, clapping and stamping along with a merry tune. The garage door was thrown open. The guard stomped in, rifle over his shoulder, and shouted, "Quiet!" Silence fell, the guard stepped outside again and locked the garage door. The peace did not last long, however. Svend started singing and his fellow prisoners were soon roaring along on the chorus. Once again, the garage was flung open. This time, the German soldier threatened them all with his rifle. "Shut up!" The door had not been closed and locked for many minutes before the Harbour Barber started whistling a popular tune, and the others could not help joining in. A furious German guard threw open the door, menaced all his prisoners with his rifle and warned, "If you don't shut up, I'll start shooting!" Svend looked up at the guard and said politely, "Look - if you don't want us here..."

A very Danish meal to go with the very Danish story: yellow pea soup. Split, dried yellow peas boiled with vegetables in a thick soup with plates of sausages, pork and gammon, potatoes and mustard on the side, eaten at the same time. A serious cold-weather meal, accompanied by beer and snaps to aid digestion, yellow pea soup is one of the ritual treats of the Danish winter season.

DER HAFENFRISEUR

Die Straße am alten Hafenkai in Ribe heißt Skibbroen. Dort hatte Svend Hansen ein kleines Friseurgeschäft, und man nannte ihn deshalb einfach ‚Hafenfriseur'. Svend Hansens gute Laune konnte nichts erschüttern. Seine Mundharmonika hatte er immer dabei und ließ sich nie lange bitten, Kinder und Erwachsene mit Stücken aus seinem Repertoire, kleinen Geschichten und Kunststücken zu unterhalten. Er spielte auch Akkordeon, und manchmal kam es vor, dass ein Kunde eine Weile auf dem Frisierstuhl warten musste, weil der Friseur draußen auf einer Bank saß und ein neues Stück einübte.

Während der Besetzung Dänemarks durch die Nazis von 1940 bis 1945 gehörte Svend zur Widerstandsbewegung. Ein Mitglied der Riber Gruppe wurde in Kopenhagen verhaftet, und man fand bei ihm ein Notizbuch mit weiteren Namen. Daraufhin wurde Svend zusammen mit einem Dutzend seiner Genossen von der Gestapo festgenommen und erst einmal in einem Schuppen am Stadtrand eingesperrt. Da ihm Untätigkeit überhaupt nicht lag, zog er seine Mundharmonika aus der Tasche, und es dauerte nicht lange, bis die ganze Gesellschaft die fröhliche Melodie mitsummte, im Takt klatschte und mit den Füßen trampelte. Alsbald flog die Tür auf und die Wache kam herein gestapft, das Gewehr über der Schulter: „Ruhe!" Es wurde still, der Wachtposten ging wieder hinaus und schloss die Tür ab. Lange blieb es jedoch nicht still, Svend stimmte nun ein Lied an und seine Mitgefangenen grölten den Refrain mit. Wieder wurde die Tür aufgerissen, dieses Mal drohte der deutsche Soldat mit seinem Gewehr: „Maul halten!" Er war noch keine fünf Minuten wieder draußen, als der Hafenfriseur begann, einen Gassenhauer zu pfeifen, und die Anderen konnten gar nicht anders, als mitzumachen. Wütend warf der deutsche Wachsoldat die Tür auf, fuchtelte bedrohlich mit seinem Gewehr und brüllte: „Wenn das nicht sofort aufhört, schieße ich!" Svends Antwort darauf war betont höflich: „Also, wenn wir hier stören…"

Yellow pea soup

The recipes are usually for four, but this feeds 8

> 500g split, dried yellow peas
> 1 kg salted pork
> 2 kg smoked gammon
> 500g good, spicy sausage
> 2 onions, 2 carrots, 2 potatoes, 2 parsnips, 2 leeks, 2 sticks celery
> 2 sprigs fresh thyme
> 1 bunch fresh parsley
> 10 fresh peppercorns
> 8 dashes of malt vinegar
> soup bone - pork, beef or goose bones are good.

Cover your soup bone and / or goose carcase with lightly salted water and boil for an hour. Add the pork and boil for another 40 minutes. Add the gammon, sausages and green tops of leeks for another 20 minutes. Skim. In another pan, boil the peas for 45 minutes in 1½ litres of lightly salted water with the thyme. Remove the thyme and pulverise the peas with your hand mixer, leaving some whole for texture. Lift the bones and meat from their pan, discard the bones, strain the soup and return it to the pot. Add the cleaned, chopped vegetables. Add the mashed peas and pepper. This dish tastes better the day after it is made. Adding vinegar before serving thickens the soup and adds character. Sprinkle with chopped parsley. Boiled potatoes, good mustard, beer and of course snaps - try some of the herbal varieties - are essential accompaniments to split yellow pea soup.

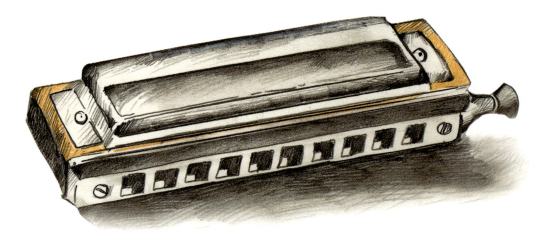

Gelbe Erbsensuppe

Ergibt acht Portionen

Zu dieser typisch dänischen Geschichte ein typisch dänisches Gericht, die gelbe Erbsensuppe: gespaltene gelbe Schälerbsen und Gemüse als gehaltvolle Suppe, dazu Würste, Schweinefleisch, Schinken, Kartoffeln und Senf. Dieser Eintopf ist ein traditionelles dänisches Winteressen und an richtig kalten Tagen sehr beliebt. Dazu trinkt man dann Bier und den einen oder anderen Schnaps, um die Verdauung zu fördern.

> 500 g gelbe Schälerbsen
> 1 kg gepökeltes Schweinefleisch
> 2 kg geräucherter Schinken
> 500 g kräftig gewürzte Wurst
> 2 Zwiebeln, 2 Möhren, 2 Kartoffeln, 2 Pastinaken, 2 Stangen Porree, 2 Stangen Sellerie
> 2 Stängel frischen Thymian
> 1 Bund Petersilie
> 10 Pfefferkörner
> 8 Spritzer Essig
> Suppenknochen - können von Schwein, Rind oder Gans sein

Die Suppen- und / oder die Gänseknochen knapp mit Wasser bedecken, leicht salzen und eine Stunde lang kochen. Dann das Pökelfleisch hinzufügen, und nach weiteren 40 Minuten die Würste und die grünen Teile des Porrees hinzu geben. Weitere 20 Minuten kochen lassen, anschließend den Schaum abschöpfen. In einem anderen Topf die Erbsen zusammen mit dem Thymian 45 Minuten lang in 1,5 l Wasser garen. Den Thymian herausnehmen und die Erbsen mit einem Handmixer pürieren, jedoch nicht vollständig, um dem Eintopf die richtige Konsistenz zu geben. Fleisch und Knochen aus ihrem Topf nehmen, den übrigen Inhalt durchseihen und wieder hinein geben. Die Knochen werden nun nicht mehr weiter verwendet. Zum Schluss noch das geputzte und zerkleinerte Gemüse, die pürierten Erbsen und die Pfefferkörner hinzufügen.

Die Suppe schmeckt am besten, wenn sie am folgenden Tag aufgewärmt serviert wird. Ein paar Spritzer Essig machen sie sämiger und verleihen ihr mehr Würze. Vor dem Servieren mit gehackter Petersilie bestreuen. Salzkartoffeln, guter Senf, Bier und natürlich Schnaps - am besten Kräuterschnaps - gehören unbedingt zur gelben Erbsensuppe!

HIDDEN FOLK

Playing at an Icelandic folk festival and staying with the organisers Anna and Adelstein in Hafnafjörður, I was asked to sing a song for the TV to publicise the festival. The film crew chose a spot in a local park, in front of some rocks. The cameraman, an old TV hand, pressed me to hurry since light was fading. But then he suggested we drop filming in front of the rocks and move elsewhere. I sang a few verses of The Magdalen Green, the film was sent off to the TV studios, and the cameraman and I went into a nearby café for a coffee. I asked why he had changed the location. At first evasive, he eventually admitted that there had been flashes of light in the small cave in the rocks behind me, which made filming impossible. I asked what the light source could be. There were beings living in the cave, he explained, but he could not go into detail. Such ancient beliefs in a highly-trained technician.

In the east of Hafnafjörður, one of the streets takes a sudden turn north then bends round to run east again. I could see there was an outcrop of rock that the street wound round. Why hadn't they just blasted a way through the rock? The bulldozers kept breaking down, the drivers fell ill, the drillers and blasters felt uneasy, and finally the road

DAS VERBORGENE VOLK

Ich spielte auf einem Folkfestival in Island und war bei den Veranstaltern Anna und Adelstein in Hafnafjördur untergebracht. Ein lokaler Fernsehsender bat mich, für einen Festival-Werbespot ein Lied zu singen. Das Aufnahmeteam hatte als Kulisse einen Park ausgewählt, wo ich vor ein paar Felsbrocken stehen und singen sollte. Da es bereits zu dämmern begann, trieb mich der Kameramann, ein alter Hase, zur Eile an. Aber dann hieß es plötzlich, wir sollten doch lieber nicht vor diesen Felsen filmen, sondern es besser woanders versuchen. Ich sang dann einige Strophen von ‚The Magdalen Green', die Aufnahme wurde ins Studio geschickt und ich ging mit dem Kameramann noch einen Kaffee trinken. Im Café fragte ich ihn, warum er denn den Aufnahmeort so plötzlich gewechselt habe. Zuerst versuchte er es mit Ausflüchten, aber schließlich erklärte er, dass er in einer kleinen Höhle in den Felsen Licht habe aufblitzen sehen, was Filmaufnahmen unmöglich gemacht hätte. Ich hakte nach und fragte, was denn wohl die Ursache dieses Lichtes gewesen sein könne. Nun, meinte er, es lebten da Wesen in der Höhle, aber genauer könne er mir das nicht erklären... Ein hochspezialisierter Techniker, der an solch uralte Überlieferungen glaubte!

Im Ostteil Hafnafjördurs biegt eine Straße unvermittelt nach Norden und gleich darauf wieder nach Osten, in die ursprüngliche Richtung ab. Man konnte erkennen, dass in der Biegung einige Felsen lagen. Aber warum nur hatte man diese Felsbrocken nicht einfach weggesprengt? Nun, die Bulldozer hatten immer wieder versagt, die Arbeiter waren krank geworden, den Bohrarbeitern und Sprengmeistern war bei ihrer Arbeit mulmig, und schließlich baute man deshalb die Straße um die Felsen herum. Huldufolk - das verborgene Volk - lebte darin und wollte nicht gestört werden, so erklärte man mir.

Seydisfjördur an der isländischen Ostküste ist eine kleine, um ihren Hafen herum gebaute Stadt, die noch winziger wirkt, wenn einmal in der Woche das riesige, hoch aufragende Fährschiff ‚Norröna' der Smyril-Linie aus dem Süden - von Dänemark mit Zwischenstation Faröer - ankommt. Beim Geschirrspülen erzählten uns dort unsere Gastgeberin und ihre Tochter, sie hätten einmal volle zwanzig Minuten lang Huldufolk beobachtet, das aus den gegenüberliegenden, etwa zweieinhalb Kilometer entfernten Hügeln auftauchte und gemessenen Schrittes durch das Tal ging. Diese anmutigen Wesen seien ein wenig größer als Menschen und trügen lange wallende graue Gewänder. Die Männer des Hauses spotteten über die Beiden und ihre Geschichte. Aber warum sollten diese handfesten Frauen vollkommen Fremden Lügengeschichten auftischen?

was built around. Huldufólk - the hidden people - lived in the rock, and did not want to be disturbed, I was told.

Seydisfjörður, on the east coast of Iceland, is a little town built up round the harbour which is dwarfed by the enormous Norröna, the Smyril Line passenger ship arriving weekly from the south, from Denmark via the Faroes.

Over the washing up, our hostess and her daughter told of the day they stood for twenty minutes watching huldufólk appearing out of the hillside opposite, about a mile and a half away, taking a stately walk along the valley side. These graceful figures are a bit taller than us, and dressed in long, grey, sweeping robes. The men of the house scoffed at their story, but it was hard to see why these two down-to earth women should lie to complete strangers.

Simple Cod

800g cod fillets
salt, pepper
25g butter
800g potatoes
2 leeks
2 large tomatoes
parsley
2 lemons
2 tbsp pickled capers

Butter a metal dish with half your butter, lightly salt and pepper, then lay your cod fillets in. Spread the other half of the butter over the fish, season the top side. Cover with tin foil and bake in a preheated oven at 175°C for 12 - 18 minutes, depending on the thickness of your fillets.

Boil the potatoes, 18-20 minutes according to size and type, lift them out with your skimmer spoon and boil the leeks for 8-10 minutes in the potato water. Keep your potatoes warm in the oven. Slice the tomatoes and serve raw alongside the buttered fish fillets. Mix a little of the leek and potato water with the butter in the metal dish to give a delicious gravy. Serve your cod with wedges of lemon, and parsley and capers on top.

Kabeljau einfach und schnell

    800 g Kabeljaufilet
    Salz, Pfeffer
    25 g Butter
    800 g Kartoffeln
    2 Stangen Porree
    2 große Tomaten
    Petersilie
    2 Zitronen
    2 Esslöffel Kapern

Mit der Hälfte der Butter eine Blechform fetten, salzen, pfeffern und die Kabeljaufilets hineinlegen. Die Filets auch von der Oberseite würzen und die übrige Butter darauf verteilen. Mit Alufolie abdecken und den Fisch im vorgeheizten Ofen bei 175° je nach Dicke der Filets 12-18 Minuten garen.

    Die Kartoffeln entsprechend ihrer Größe und Sorte 18-20 Minuten kochen, mit einem Schaumlöffel aus dem Topf nehmen und den Porree 8-10 Minuten im Kartoffelwasser kochen. Währenddessen die Kartoffeln im Ofen warm halten. Die Tomaten in Scheiben schneiden und um die fertigen Filets herum legen. Die Butter aus der Ofenform mit dem Kartoffel-Lauch-Kochwasser zu einer leckeren Soße verrührt. Mit Zitronenspalten, Petersilie und Kapern garniert servieren.

NETS & NETTLES

VON NETZEN UND NESSELN

NETS & NETTLES

When our son Michael was around nine years old, he and a pal were on the Castle Bank with their little fishing nets, bound for the moat. They were after sticklebacks to use for bait to catch the giant pike that local legend maintained lurked in the moat's murky waters.

The boys ran into Trevor Samson, an Englishman who had moved to his wife's native town of Ribe, after selling his road sign factory in Nottingham. Trevor was carrying a huge net, and the boys asked him what sort of fish he was after. Trevor explained that he was looking for a male aurora butterfly. Would the boys like to help him find one? Trevor described the butterfly for the boys: small, white, with orange wingtips. The boys ran off in opposite directions. Michael came back to Trevor some minutes later, his hands cupped. Is this it? Yes! Trevor was delighted to have his aurora, and invited the boys to see his garden.

Trevor and Inger lived in a house not far from the Castle Bank. The garden plants were all chosen to tempt various types of butterfly. There were huge birdwing butterflies, the size of two hands, on fennel stalks growing in a spacious netting cage. There were lillies by a little pond, a perfect ecosystem for small tortoiseshell butterflies and others. And in the greenhouse were man-high nettles, fine specimens, covered with black caterpillars and fully-grown, handsome peacock butterflies.

Trevor asked Michael if there were nettles in the garden at home. Michael nodded modestly. We too had fine, tall specimens, and no greenhouse. Later the same day, Trevor came along to our garden carefully carrying five nettle leaves, one side of each black with peacock caterpillars. With pins from his lapel Trevor attached the nettle leaves to our nettles.

> Though kings above the people tower
> In all their might and mettle
> They cannot set, for all their power,
> A leaf upon a nettle
>
> *Hans Brorson (1734)*

But Trevor attached his nettle-leaves to ours and we had butterflies in the garden for years, for they spent the winter in the woodshed.

VON NETZEN UND NESSELN

Unser Sohn Michael war etwa neun Jahre alt und mit einem Freund am Schlosswall unterwegs. Die beiden wollten zum Schlossgraben, um dort mit ihren kleinen Keschernetzen Stichlinge als Köderfische zu fangen und dem riesigen Hecht nachzustellen, der - so erzählte man sich - im trüben Wasser des Grabens lauerte.

Dort begegnete ihnen Trevor Samson, ein Engländer, der seine Verkehrsschilderfabrik in Nottingham verkauft hatte und nach Ribe, die Heimatstadt seiner Frau, gezogen war. Trevor hatte ein riesiges Netz dabei, und die Jungen fragten ihn, was für Fische er denn damit fangen wolle. Darauf erklärte er ihnen, dass er auf der Jagd nach einem männlichen Aurorafalter sei. Wollten die Jungen ihm vielleicht helfen, diesen Falter zu finden? Er beschrieb ihnen den Schmetterling: klein, weiß mit orangefarbenen Flügelspitzen. Sofort rannten die beiden in entgegengesetzte Richtungen davon. Einige Minuten später kam Michael zurück, die hohlen Hände gegeneinander gepresst. Ist er das? Ja, tatsächlich! Trevor freute sich, dass er seinen Aurorafalter hatte, und lud die Jungen in seinen Garten ein.

Trevor und Inga wohnten in einem Haus, das vom Schlosswall nicht weit entfernt lag. Die Pflanzen in ihrem Garten hatten sie so ausgewählt, dass verschiedene Schmetterlingsarten davon angelockt wurden. Auf den Stängeln von Fenchelpflanzen, die mit Netzen abgedeckt waren, saßen prächtige Vogelschwingenfalter von der Größe zweier Handflächen. Ein kleiner Teich mit Wasserlilien bildete ein perfektes Biotop für den Kleinen Fuchs und andere Arten. Und im Gewächshaus wuchsen mannshohe Brennnesseln, stattliche Exemplare, die voll mit schwarzen Raupen und den hübschen ausgewachsenen Exemplaren des Tagpfauenauges waren.

Trevor fragte Michael, ob auch in unserem Garten Brennnesseln wüchsen. Michael nickte schüchtern. Denn auch wenn wir kein Gewächshaus besaßen - Brennnesseln gediehen bei uns prächtig! Noch am gleichen Tag kam Trevor bei uns vorbei und brachte fünf Nesselblätter mit, die auf einer Seite schwarz von Raupen des Tagpfauenauges waren. Mit Stecknadeln, die er aus dem Revers seiner Jacke zog, befestigte er die Blätter an unseren Nesseln.

> Ein König, glanzvoll, stark und mächtig
> hoch auf des Thrones Sessel
> kann nicht ein einz'ges Blatt erschaffen
> an einer kleinen Nessel
>
> *Hans Brorson (1734)*

Aber Trevor konnte das, und wir hatten jahrelang Schmetterlinge im Garten, die den Winter in unserem Holzschuppen überdauerten.

Nettle soup

Firstly, put on at least one sturdy glove. You can tell which leaves to pick just by looking at them: the tender top shoots are lighter in colour, the darker leaves farther down the plant are tougher, take longer to cook, but have a stronger flavour. Pick the cleanest leaves and brush them with a soft brush first – this saves on washing time at the kitchen sink. The less water you use before your leaves get to the pot, the better – you don't want to wash out all the taste. But nettle leaves are bristly and have a knack of concealing grit, so make sure they are clean, however you do it. You can also buy nettle leaves dried (and cleaned) at a health food shop.

Ingredients:

45 ml cooking oil
100g onions
75g leeks
75g shallots
100g nettle leaves
1½ litres chicken stock
50g chives
Salt, pepper, sage.

Start by sweating onions, shallots and leeks in your big, heavy-bottomed pot. Then add your seasoning: salt, pepper and sage, with a light hand. Then add the washed and chopped nettle leaves, using gloves or a towel for handling. Pour in the chicken stock, which had been boiling happily for hours in your stock pot: chicken carcase, parson's nose, giblets, a carrot, an onion, a stick of celery, a hunk of turnip, a glass of white wine, a glass of dry sherry, salt and pepper, a pinch of dried thyme, two bay leaves. Strained and poured into ice-cube frames, your chicken stock has been waiting in your freezer for just this opportunity.

Boil the nettle soup for half an hour. Give the soup a swizzle with your hand mixer if you prefer it thick: the French call it velouté or velvet-like. Sprinkle the chopped chives on top before serving.

Brennnesselsuppe

Vorher mindestens einen festen Handschuh anziehen! Welche Blätter man pflücken sollte, lässt sich leicht erkennen: Die zarten jungen Triebe sind heller, die dunkleren Blätter weiter unten sind zwar härter und man muss sie länger kochen, aber sie schmecken intensiver. Am besten immer die saubersten Blätter pflücken und diese dann mit einer weichen Bürste abbürsten, so muss man sie später in der Küche nicht so lange waschen. Denn je weniger Wasser man benutzt, bevor die Blätter in den Topf kommen, desto besser – man will ja schließlich nicht den ganzen Geschmack herausspülen. Allerdings sind Brennnesselblätter ziemlich pelzig, sodass man Schmutz darauf leicht übersehen kann. Also in jedem Fall gründlich säubern, wie auch immer! Man kann getrocknete (und gesäuberte) Brennnesselblätter auch in einem Bioladen kaufen.

Zutaten:

45 ml Speiseöl
100 g Zwiebeln
75 g Porree
75 g Schalotten
100 g Brennnesselblätter
1 1/2 Liter Hühnerfond
50 g Schnittlauch
Salz, Pfeffer, Salbei

Zwiebeln, Schalotten und Porree in einem großen schweren Topf anschwitzen. Mit wenig Salz, Pfeffer und Salbei würzen, dann die gewaschenen und gehackten Brennnesselblätter – Handschuhe anziehen oder ein Küchentuch verwenden – dazugeben. Mit Hühnerfond auffüllen. Dieser wurde bereits vorher zubereitet: Hühnerknochen, Bürzel und Hühnerklein, eine Möhre, eine Zwiebel, eine Stange Sellerie, ein Stück Steckrübe, ein Glas Weißwein, ein Glas trockener Sherry, Salz, Pfeffer, ein wenig getrockneten Thymian sowie zwei Lorbeerblätter in einem Topf mehrere Stunden vor sich hin köcheln lassen, durchseihen, in Eiswürfelbehälter füllen und einfrieren. Dann hat man genau für solche Gelegenheiten fertigen Hühnerfond zur Hand.

Die Brennnesselsuppe eine halbe Stunde kochen lassen. Wird sie sämiger gewünscht, kurz mit dem Stabmixer pürieren; die Franzosen nennen das velouté, also samtig. Vor dem Servieren mit dem gehackten Schnittlauch bestreuen.

FESTIVALPO & PEBRE

Sula was in Chile at the invitation of Luis Chirino Galvez, whose Valparaiso Festival de la musica inmigrante - Festivalpo - Eskil had found on the net. Part of our deal with Luis was a trip up the Andes. Up by the town of Los Andes, where we saw young people dancing in the streets to welcome spring. Up to the ski resort of Portillo, on the Argentinian border. Standing there at 3,800 metres, we could see the peak of Aconcagua, the highest mountain in South America, towering to almost 7000 metres.

On our way back down to Santiago, we crossed the circular plateau surrounding the city, through vineyards that stretch mile after mile all the way to the snow-capped Andes. The rows of vines have black foam rubber padding suspended on vertical frames above them, like a sponge above a baby's head in the bath. The mist rolling over the lip of the mountains ringing the vineyards condenses on the pads and waters the vines. Ingenious low-tech irrigation.

The September spring sun heats the streets of Santiago. It's 3 in the afternoon: coffee time. We see a sign saying Café and go into the cool darkness. Just inside the door, a young man in a singlet wants to charge us admission. We explain we just want coffee, and he lets us in for nothing. We sit at the bar and enjoy a cup of good coffee. The waitress behind the bar is very lightly dressed, and very well built. The street door opens and a young black woman comes in, greets everyone and disappears out the back. When she returns, she is wearing her working clothes: a thin plastic apron which covers a little of her breasts, parts to show her belly, and makes a half-hearted effort at covering her dancing bone. Black stockings and very high heels set off her shapely legs. We start talking volubly about the Faroes, telling each other bad weather stories that we have told before. When the pretty girl behind the bar asks us, "Would you like anything with your coffee?" we are like the strangers in a cowboy film who've wandered into the wrong bar. We're afraid we may have to shoot our way out. We politely decline the lovely ladies' invitations and make ourselves scarce.

FESTIVALPO UND PEBRE

Sula war auf Einladung von Luis Chirino Galvez in Chile. Eskil hatte sein Valparaiso Festival de la Musica immigrante - kurz: ‚Festivalpo' - im Internet entdeckt. Mit Luis war auch eine Reise in die Anden vereinbart: Hinauf zur Stadt Los Andes, wo junge Leute auf der Straße tanzten, um den Frühling zu begrüßen. Dann weiter hinauf nach Portillo nahe der argentinischen Grenze. Von dort, auf einer Höhe von 3800 Metern, konnten wir den Aconcagua sehen, den mit 6962 Metern höchsten Berg Südamerikas.

Auf dem Rückweg nach Santiago durchquerten wir die kreisförmige Hochebene, auf der die Stadt liegt, und fuhren durch Weinberge, die sich meilenweit bis zu den schneebedeckten Anden erstreckten. Über den Reihen der Rebstöcke waren an Gestellen schwarze Schaumgummimatten aufgehängt, die wie ein Schwamm wirken, den man beim Baden über dem Kopf eines Babys ausdrückt. Der über die

Steak and Pebre

An Argentinian restaurant in Santiago - a vast room, clamourous accoustics, broad plates and steaks to match - is the place to appreciate this meat-based cuisine. The steaks were perfectly done, medium rare, crisp and brown on the outside, pinkish inside, served with chips, vegetables and gravy. When you are cooking steak, leave your fillet, sirloin, entrecote or T-bone on the table for half an hour to rise to room temperature. If the meat was frozen, let it thaw in the fridge overnight.

    Heat a heavy, dry frying pan until it is almost smoking, then add a little groundnut oil - a teaspoonful per steak, tipping the pan so the oil covers the bottom. Fry the steak for about three minutes on each side, more if they are thickly cut or still on the bone. Turn them with a pallet knife or pincers, to avoid puncturing the steak. Remove them from the heat and let them rest. Season them with sea salt and

umliegenden Berge ziehende Nebel kondensiert auf den Matten und versorgt so die Pflanzen mit Wasser. Eine geniale Low-Tech-Bewässerung!

Die September-Frühlingssonne wärmt die Straßen von Santiago. Es ist drei Uhr nachmittags und Eskil möchte einen Kaffee trinken. Wir sehen ein Schild ‚Café' und gehen hinein. Es ist angenehm kühl und dunkel. Gleich am Eingang verlangt ein junger Mann im Unterhemd Eintritt. Als wir ihm erklären, dass wir nur einen Kaffee trinken wollen, lässt er uns umsonst hinein. Wir setzen uns an die Bar und lassen uns eine gute Tasse Kaffee schmecken. Die Kellnerin hinter der Bar ist nur leicht bekleidet und hat eine sehr gute Figur. Dann geht die Eingangstür auf, eine junge schwarze Frau kommt herein, grüßt in die Runde und verschwindet durch eine Hintertür. Als sie zurückkommt, trägt sie nur eine dünne Plastikschürze, die ihre Brüste kaum bedeckt, über ihrem Bauch geöffnet ist und die Körperteile darunter nur sehr halbherzig zu verbergen sucht. Schwarze Strümpfe und sehr hohe Absätze betonen ihre wohlgeformten Beine. Eskil wird ganz redselig, erzählt von seiner Zeit auf den Färöern und seine Geschichten gehen immer mehr ins Detail; Geschichten, die er mir alle schon einmal erzählt hat. Als das hübsche Mädchen hinter der Bar ihn dann fragt „Darf es außer dem Kaffee noch etwas Anderes sein?", fühlen wir uns wie zwei Fremde in einem Western, die in die falsche Bar geraten sind und sich ihren Weg nach draußen freischießen müssen. Höflich lehnen wir das Angebot der reizenden Dame ab und machen uns aus dem Staube.

Steak mit Pebre

Ein argentinisches Restaurant in Santiago - ein riesiger lauter Raum, große Teller und dazu passende Steaks. Es gibt keinen besseren Ort, diese recht fleischlastige Küche ausgiebig zu würdigen. Dort werden die Steaks perfekt zubereitet, medium rare, außen knusprig braun, innen rosa und mit Pommes frites, Gemüse und Sauce serviert.

Vor der Zubereitung von Steaks das Filet, Sirloin, Entrecote oder T-Bone-Stück eine halbe Stunde auf dem Tisch liegen lassen, damit es Raumtemperatur annimmt. Falls das Fleisch gefroren ist, über Nacht im Kühlschrank auftauen lassen. Eine schwere Pfanne ohne Fett erhitzen, bis sie fast raucht, ein wenig Erdnussöl hineingeben, etwa einen Teelöffel pro Steak. Die Steaks von beiden Seiten jeweils ungefähr drei Minuten braten, etwas länger, wenn sie dicker geschnitten sind oder der Knochen noch daran

cracked black pepper while they are resting. Salting beef before cooking draws out the juices. Serve with lettuce, tomato and boiled potatoes, preferable floury ones that absorb the good gravy you have washed off the pan with a little of the potato water. If you have access to fresh sea water, use it to boil your potatoes - it gives them a unique flavour.

A perfect accompaniment for your steak could be Chilean pebre, a coriander and parsley salad that we had served as a dip in Valparaiso.

Pebre

1 cup fresh parsely leaves
1 cup fresh coriander leaves (sometimes known as cilantro)
40g chopped onion
15ml water
1/2 tbsp lemon juice
1/2 tsp crushed red chillis
salt, black pepper,
2 crushed cloves of garlic
2 tbsp extra virgin olive oil.

Combine all the ingredients except the oil in a bowl and pulverise with your hand mixer. Cover and refrigerate for 1 hour. Stir in the oil before serving.

ist. Mit einem Pfannenwender oder einer Zange umdrehen, damit die Außenseite nicht verletzt wird. Die Steaks von der Flamme nehmen und kurz stehen lassen. Mit Salz und frisch gemahlenem schwarzem Pfeffer würzen. Salzen vor dem Braten zieht den Saft heraus. Mit Kopfsalat, Tomaten und gekochten Kartoffeln servieren, am besten einer mehligkochenden Sorte, welche die gute Sauce aufnimmt. Wenn möglich, die Kartoffeln in frischem Seewasser kochen, das gibt ihnen einen besonderen Geschmack.

Als Beilage zum Steak kann man auch Pebre servieren, einen chilenischen Salat aus Koriander und Petersilie, den wir in Valparaiso als Dip bekamen:

- 1 Tasse frische Petersilienblätter
- 1 Tasse frische Korianderblätter
- 40 g gehackte Zwiebeln
- 15 ml Wasser
- 1/2 Esslöffel Zitronensaft
- 1/2 Esslöffel zerdrückte rote Chilischoten
- Salz, schwarzer Pfeffer
- 2 zerdrückte Knoblauchzehen
- 2 Esslöffel ‚extra virgine' Olivenöl

Alle Zutaten außer dem Öl in eine Schüssel geben und mit einem Pürierstab zerkleinern. Abdecken und eine Stunde im Kühlschrank kaltstellen. Das Öl kurz vor dem Servieren einrühren.

WALLS AND PARTENS

It's the walls I remember: high stone walls made of huge sandstone blocks, topped sometimes with broken glass, sometimes with metal spikes. Often, the iron had been removed along with railings and any other metal in the public space, melted into bullets in the wars.

We could never climb those walls. We were the little scruffs the walls were built to keep out. The stone was the colour of pale sand, rusty or grey in places. They called it dressed stone. The blocks were cut to uniform size, trimmed with straight, flat edges, and pockmarked by hand, as if to say, this stone is so solid, so thick, so impenetrable that they could cut bits out and still keep us out.

My walk to school passed along high walls of houses I have never seen. Behind the walls were parts of the University, a private girls' school, and private homes built with colonial money. Behind the walls were large, elegant houses, solidly built and embellished with Victorian vanities, flowing lawns, fragrant verandahs, some with phoney battlements, towers and turrets: the whole delicate, soft-piled, middle-class, tea-in-the-arbour, English way of life, secluded by the walls. You could find the

MAUERN UND KRABBEN

An die Mauern kann ich mich noch gut erinnern: hohe Steinmauern aus riesigen Sandsteinblöcken, auf der Krone manchmal mit Glasscherben, manchmal mit metallenen Spitzen bewehrt. Oft waren die Eisenteile auch bereits entfernt worden, zusammen mit Geländern oder anderen Metallteilen im öffentlichen Raum, die man während des Krieges zu Munition verarbeitet hatte.

Es war unmöglich, über diese Mauern zu klettern, wegen uns kleinen Rabauken hatte man sie ja gebaut. Die Steine waren blass sandfarben, mit rostigen oder grauen Flecken, Natursteinblöcke von einheitlicher Größe mit geraden flachen Seiten und vorn von Hand grob behauen, wie um zu sagen, dieser Stein ist so massiv, so dick, so wuchtig, dass man ohne Weiteres einige Stücke herausschlagen kann und die Mauer trotzdem unüberwindlich bleibt.

Mein Schulweg verlief entlang von Mauern; die Häuser, die sie umgaben, habe ich nie gesehen. Es waren Universitätsgebäude, eine private Mädchenschule und Villen, die mit in den Kolonien erworbenem Geld errichtet worden waren. Es lagen große elegante Häuser hinter diesen Mauern, solide gebaut und herausgeputzt mit

names of the families who owned these St.Andrews mansions on the packets, jars and tins in any British kitchen.

Back in the late 60s you could buy a couple of partens – big, brown, edible crabs – for a pound or so from one of the boatmen down at the harbour in St.Andrews. These days you will pay a bit more, and the fishmonger often has them dressed, that is boiled and picked, the meat served in its own shell. If you can get a fresh crab, it may have its pincers cuffed with thick elastic bands. Remember to remove them before your cook the crab. And lift the crab by the hind legs – those pincers are not just decoration. Then kill the poor beast by lowering it into a big pot of boiling salt water with some lemon juice, cook it for 10 - 15 minutes or so depending on the size – that shell is thick, remember – until the meat is tender, then lift it out with your skimming ladle and let it cool. When it is cool enough to handle, break off pincers and legs, break the shells with the back of a heavy knife and pick out the meat with a lobster pincer or the handle of a teaspoon. I have a long jam spoon that is ideal. Keep the dark meat and the lighter separate. Female crabs have more of the tastier dark meat. And if you find orange crab roe behind the head, save it – it is delicious! You can add a little of the dark meat in with the lighter to use in your salad. Pot the darker crab meat in the freezer. It has a much more pungent taste and can be mixed with butter or mayonnaise, as a spread, or added to a shellfish paté or to lend a magic touch to your clam chowder.

nutzlosem viktorianischem Zierrat. Ausgedehnte Rasenflächen, von Blumenduft erfüllte Veranden, manchmal auch falsche Zinnen, Türme und Erker, kurz, der ganze vornehm-zurückhaltende, konfliktscheue Fünfuhrtee - Lebensstil der englischen Mittelklasse hinter unüberwindlichen Mauern! Die Namen der Familien, die in diesen Villen in St. Andrews lebten, fand man auf Verpackungen, Gläsern und Konservendosen in jeder britischen Küche.

Damals in den späten Sechzigern konnte man im Hafen von St. Andrews von den Fischern für etwa ein Pfund mehrere große braune Krabben bekommen. Heute sind sie schon etwas teurer, und der Fischhändler verkauft sie bereits fertig zubereitet, also gekocht und zerlegt, ausgelöstes Krabbenfleisch in der eigenen Schale sozusagen. Wenn man lebende Krabben bekommen kann, sind die Scheren oft mit dickem Gummiband zusammengebunden. Bevor man sie kocht, muss dieses entfernt werden. Dann vorsichtig an den Hinterbeinen fassen, denn die Scheren sind ja nicht zur Zierde da. Das arme Tier wird getötet, indem man es in einen Topf mit kochendem Salzwasser gibt. Etwas Zitronensaft hinzufügen, je nach Größe 10-15 Minuten kochen, denn die Schale ist ja dick. Wenn das Fleisch weich ist, mit einem Schaumlöffel herausnehmen und abkühlen lassen. Sobald man sie anfassen kann, Scheren und Beine abbrechen, die Schale mit der stumpfen Seite eines schweren Messers aufbrechen knacken und das Fleisch mit einer Hummerzange oder dem Stiel eines Teelöffels heraus nehmen. Ich benutze einen langen Marmeladenlöffel, der dafür gut geeignet ist. Das dunkle und das helle Fleisch getrennt halten. An weiblichen Krabben ist mehr von dem besseren dunklen Fleisch. Und wenn man orangenen Krabbenrogen hinter dem Kopf findet, unbedingt aufheben, er schmeckt köstlich! Etwas dunkles Fleisch kann man zusammen mit hellerem in einen Salat geben. Das dunkle Krabbenfleisch lässt sich gut einfrieren. Es ist kräftiger im Geschmack, mit Butter oder Mayonnaise lässt sich sehr gut ein Brotaufstrich herstellen, man kann es für eine Meeresfrüchtepastete verwenden oder einem Clam Chowder eine besondere Note verleihen.

WILLY & THE HERCULES

In early 1969, John Dubarry and I were approached by Jens Lyberth at a concert in Herning. Jens was from Greenland, and wondered if we would like to play there. "Certainly!" we replied. We'd play anywhere. We were playing at Bjerre's Bar in Skagen that summer when a message arrived that our tickets were waiting for us at the Royal Greenland offices in Copenhagen. We took the overnight ferry from Aalborg to Copenhagen, collected our tickets at Royal Greenland, and were soon seated in a SAS DC8 bound for Søndre Strømfjord.

We were recording a radio broadcast in the Greenland Radio studios in Godthåb when a technician interrupted to invite us to the neighbouring room to see something. It was tv coverage of the American astronauts landing on the moon.

On the helicopter back from Godthåb to Søndre Strømfjord we drank whisky, and John had to lie down when we arrived at the SAS hotel. So it was left to me to arrange the details of our concert there. I was picked up in a blue USAF pickup the size of a swimming pool and driven across the airstrip to the US base. In Lieutenant

HERCULES KONTRA MOSCHUSOCHSE

Bei einem Konzert in Herning Anfang 1969 wurden John Dubarry und ich von Jens Lyberth angesprochen. Er kam aus Grönland und fragte, ob wir nicht Lust hätten, dort zu spielen. „Na klar," war unsere Antwort, „warum nicht?" Als wir dann im Sommer in Bjerres Bar in Skagen auftraten, erhielten wir dort die Nachricht, dass unsere Flugtickets in Kopenhagen im Büro der Firma Royal Greenland bereitlägen. So fuhren wir also mit der Nachtfähre von Aalborg nach Kopenhagen, holten die Karten ab und bekamen auch sofort Plätze in einer SAS DC8 mit dem Ziel Söndre Strömfjord.

Wir nahmen gerade eine Sendung in den grönländischen Radiostudios in Godthab auf, als ein Techniker hereinkam und meinte, wir sollten doch einmal in den Nebenraum kommen, um uns etwas anzuschauen. Es war die Fernsehübertragung der ersten Mondlandung.

Auf dem Rückflug mit dem Hubschrauber von Godthab nach Söndre Strömfjord tranken wir den einen oder anderen Whisky und im SAS-Hotel musste John sich dann hinlegen. Deshalb blieb es mir überlassen, die Einzelheiten unseres Auftritts abzusprechen. Ich wurde von einem blauen amerikanischen Airforce-Pickup, der so groß wie ein mittlerer Swimmingpool war, abgeholt und über die Flugpiste zum US-Militärstützpunkt gefahren. Im Büro saß Leutnant Katzenbacher, die Füße auf dem Tisch. Er bot mir eine Zigarre an, nahm sich auch eine und fragte, wieviel wir für das Konzert verlangten.

„Vierhundert."

„Kronen oder Dollar?"

„Dollar." Und da er dabei nicht einmal mit der Wimper zuckte, fügte ich hinzu „... für jeden."

Katzenbacher notierte sich das und meinte, er brauche jeweils zwei Konzerte an zwei Abenden in der Offiziersmesse.

Nach unserem Auftritt wurden wir in die Offiziersbar eingeladen, wo der Whisky in Strömen aus einer Manneken Pis - Statue auf dem Buffet floss. Um Mitternacht mussten dann einige aus der Gesellschaft zum Dienst und zogen ihre mit militärischen Abzeichen, Namensschildern und Ordensbändern behängten Uniformjacken an. Plötzlich waren sie nicht mehr Dave, Pete oder Stan, sondern Oberstleutnant Davidson, Major Anderson und Oberst Kubrik. Das tat der Stimmung jedoch keinen Abbruch und wir feierten munter weiter. Irgendwann schlug dann jemand vor, ich solle doch mal den Kontrollturm, wo die anderen Dienst hatten, anrufen und mich in russischer Sprache melden. „Dave, ich brauche die genaue Position," sagte ich mit einem starken russischen Akzent. „Wann treffen wir uns zur Übergabe des Mikrofilms? Hier draußen auf dem Trawler im Fjord ist es zu gefährlich!" Stille am anderen Ende der Leitung. Dann: „Rod, bist Du das? Beweg Deinen Arsch und komm sofort ‚rüber!"

Katzenbacker's office, he swung his feet up on the desk, offered me a cigar, lit one himself, and asked what we charged for a concert.

"400."

"Kroner or dollars?"

"Dollars." He didn't bat an eyelid, so I added, "Each."

Katzenbacker made a note and said he would need two concerts per evening for two evenings in the officers' mess. After the show, we were invited into the officers' bar, where the whisky flowed free from the Manneken Pis statue on the sideboard. Around midnight, some of the party had to put on their jackets to go to work. The jackets were covered with military insignia, name tags and medal ribbons. Suddenly it was not Dave and Pete and Stan, but Lt.Col Davidson, Major Anderson, and Colonel Kubrik. The party continued only slightly diminished without them, until someone suggested I call the control tower where the others were on duty, and talk some Russian to them.

"Dave, I need the coordinates," says I with a heavy Russian accent. "When are we to meet and transfer the microfilm? It is too dangerous here on the trawler in the fjord." Silence at the other end. Then, "Rod, is that you? Get your ass over here!"

We all piled into one of the pool-sized wagons and roared over the tarmac to the control tower, tall, square and green and glowing in the dark. The sign by the door said, "No admittance. Authorized personnel only." In and up we went, into a vast room like the Dr.Strangelove film set. One wall was a map of the entire polar region, white on green glass, and the moving, blinking dot was a Finnair 707 they were talking over the North Pole. Dave pointed to the big reels on the wall. "That is a tape recorder. Every telephone communication in or out of here is recorded and sent to the Pentagon every Friday. Your chances of ever travelling to the US just evaporated."

The USAF officers explained the role of the fire tenders on the runway. The job of the base was to fly supplies up to the radar bases on the ice cap, the Distant Early Warning of Soviet missile attack. Before the Hercules aircraft could take off, the fire trucks had to attend to Willy the musk ox. Willy guarded his territory fiercely, would charge the Hercules as they taxied out, and could easily puncture the thin metal skin of the aircraft with his sharp, curved horns. So beyond its fire-fighting duties, the fire engine, sirens wailing and lights flashing, would chase Willy down the runway, away from the aircraft. But at the end of the runway is the Søndre Strømfjord, 200 miles of sea loch. Willy would screech to a halt, turn and chase the fire tender back up the runway. This to and fro went on until Willy got tired, and left the runway clear for take-off.

Wir quetschten uns also in einen der Swimmingpool-Pickups und rasten über den Asphalt zum Kontrollturm, der groß und kantig in der Dunkelheit stand und aus dem es grünlich schimmerte. Auf dem Schild an der Tür stand ‚Zutritt für Unbefugte verboten'. Wir gingen hinein, nach oben und kamen in einen sehr großen Raum, der an den Film ‚Dr. Seltsam oder: Wie ich lernte, die Bombe zu lieben' erinnerte. Eine Wand bestand aus einer Karte des Polargebietes, weiß auf grünem Glas, auf der sich gerade ein blinkender kleiner Punkt bewegte, eine Finnair 707, die per Funk über den Nordpol geleitet wurde. Dave zeigte auf große Spulen an der Wand. „Das ist ein Tonbandgerät. Alle Gespräche, die herausgehen oder hereinkommen, werden hier aufgezeichnet und jeden Freitag ins Pentagon geschickt. Für Dich hat sich soeben eine Einreise in die USA für immer erledigt!"

Die Offiziere erklärten auch die Aufgaben der Löschfahrzeuge auf der Startbahn. Der Stützpunkt versorgte die Radarstellungen des amerikanischen Frühwarnsystems für sowjetische Raketenangriffe der Distant Early Warning Line auf dem Eisschild aus der Luft. Bevor die Hercules-Transporter starten konnten, mussten sich die Feuerwehrfahrzeuge erst um Willy den Moschusochsen kümmern: Willy bewachte sein Revier sehr genau und hätte jede Maschine, die zur Startbahn rollte, sofort angegriffen. Mit seinen gebogenen spitzen Hörnern konnte er die dünne Metallhaut des Rumpfes leicht durchstoßen. So mussten die Fahrzeuge neben ihren Feuerlöschaufgaben Willy mit Sirenengeheul und Blaulicht die Startbahn hinunter jagen, fort von den Flugzeugen. Am Ende der Startbahn beginnt der Söndre Strömfjord, ein Meeresarm von mehr als 300 Kilometern Länge. Dort bremste Willy dann scharf ab, drehte um und jagte die Wagen wieder zurück. Dieses Spiel lief so lange, bis Willy müde wurde, die Startbahn frei war und die Flugzeuge starten konnten.

Seaweed Soup

People have always eaten seaweed. They took it home with them when they had been down to the sea's edge to fetch mussels and oysters. The Japanese wrap sushi in it, and their kombu seaweed yielded the secret of MSG, monosodium glutamate, the taste reinforcer. Seaweed is full of minerals, and has a deeply satisfying savoury taste.

There are several edible seaweeds, among them laver (Porphyra laciniata); sloke (P. vulgaris) or sea-spinach; dulse (Rhodymenia palmata), which is reddish-brown in colour; and carrageen (Chondrus crispus). Some of them can be found in health-food shops.

Ingredients
50g laver, sloke or dulse
1 1/2 litres milk
juice of 1 lemon
500g mashed potatoes
25g butter
crushed black pepper

If you are using fresh seaweed, wash it carefully, soak it in cold water for 2 hours then strain. Simmer it gently under cover for 4 hours, then drain. Simmer the milk, cooked seaweed and potato together for 20 minutes, then beat well. Add pepper, butter and the lemon juice and beat again.
Serve hot.

Algensuppe

Die Menschen haben schon immer Algen und Seetang gegessen; sie nahmen sie mit, wenn sie am Strand Muscheln und Austern sammelten. Die Japaner umwickeln ihr Sushi damit, von den japanischen Kombualgen kennen wir das Geheimnis des Geschmacksverstärkers Glutamat. Algen und Tang enthalten viele Mineralien und schmecken kräftig-herzhaft.

Es gibt mehrere essbare Algen- bzw. Tangarten: Purpurtang (Porphyra vulgaris, P. laciniata, P. umbilicalis), Rotbrauner Lappentang (Rhodymenia palmata) oder Knorpeltang (Chondrus crispus). Manche kann man auch in Bioläden kaufen.

>
> 50 g Purpurtang oder Lappentang
> 1 1/2 l Milch
> Saft einer Zitrone
> 500 g Stampfkartoffeln
> 25 g Butter
> gemahlener schwarzer Pfeffer

Falls frischer Tang verwendet wird, sorgfältig waschen, zwei Stunden kalt wässern, dann abgießen. Abgedeckt vier Stunden köcheln lassen, anschließend das Wasser abgießen. Milch, gekochten Seetang und Kartoffeln zwanzig Minuten zusammen auf kleiner Flamme kochen, dann gut durchrühren. Pfeffer, Butter und den Zitronensaft zugeben und noch einmal durchrühren. Heiß servieren.

TRAINS, TREES AND DIOTS

I was invited to play at the opening of a bar in Gascony, and decided, with my fellow traveller Karsten Larsen, to go by train. A local diesel down the west coast from Ribe to Tønder, change to a German railcar to Niebüll, where we caught the express to Hamburg. After an acceptable fish dinner in the Fischhaus restaurant by the St.Pauli Fish Market on the Elbe, we boarded the sleeper for Paris. In the morning we crossed Paris by Métro and had breakfast near the Gare Montparnasse, where we took the TGV high-speed train to Bordeaux. There we were picked up by Jean-François and his wife Cathy and driven deep into the forest south of the city. Napoleon III had the pines planted in the water-logged soil of Les Landes. This is now one of the most extensive forests in Europe, and the high water-table ensures that the trees thrive, growing quickly to great height and girth. The pines were tapped for their resin until 1992. Now the forest yields timber on a commercial basis, and all manner of tasty products - wild boar, deer, mushrooms, chestnuts, rose hips - more informally.

The bar opening was an night to remember. Many of Jean-François' pals are musicians, singers and performers. The evening's music varied

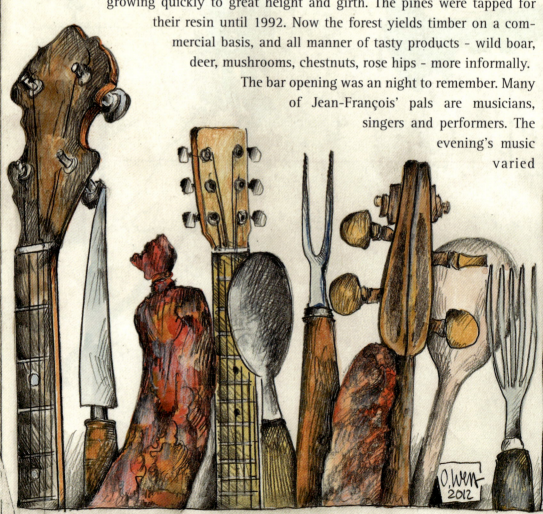

BAHN, BÄUME UND DIOTS

Ich war eingeladen, bei der Eröffnung einer Bar in der Gascogne zu spielen. Mein Reisebegleiter Karsten Larsen und ich beschlossen, mit der Bahn zu fahren. Zuerst mit einem Nahverkehrszug mit Diesellokomotive die Westküste hinunter von Ribe nach Töndern, dann umsteigen in einen deutschen Schienenbus nach Niebüll und von dort per Schnellzug nach Hamburg. Nachdem wir zu Mittag an der Elbe in St. Pauli im Restaurant Fischhaus am Fischmarkt ganz ordentlichen Fisch gegessen hatten, stiegen wir in den Schlafwagen nach Paris. Am nächsten Morgen ging es mit der Metro quer durch Paris, wir frühstückten am Gare Montparnasse und nahmen von da den TGV nach Bordeaux. Dort wurden wir von Jean-Francois und seiner Frau Cathy abgeholt, die mit uns tief in den Wald südlich der Stadt fuhren. Napoleon III. hat einst die nassen Böden von Les Landes mit Kiefern aufforsten lassen, und heute ist dies eines der größten Waldgebiete in Europa. Der hohe Grundwasserspiegel sorgt dafür, dass die Bäume gut gedeihen und schnell an Höhe und Stammumfang zunehmen. Bis 1992 wurden sie für die Harzgewinnung genutzt, heute wird vor allem das Holz kommerziell verwertet. Aber der Wald liefert natürlich auch noch verschiedene leckere Erzeugnisse für die Küche: Wildschwein, Rotwild, Pilze, Esskastanien, Hagebutten...

An den Abend der Eröffnungsfeier werde ich mich noch lange erinnern. Viele von Jean-Francois' Freunden sind Musiker, Sänger oder Schauspieler. Und so reichte die Musik von mittelalterlichen französischen Balladen bis zu Musettewalzern, von Ragtime zu Jug-Band-Musik, von traditionellem Jazz bis zum Blues - und schottische Folkmusik war natürlich auch dabei. In der umgebauten Scheune war es kalt, deshalb mussten wir uns gut mit Whisky warm halten.

Eineinhalb Kilometer weiter den Waldweg hinunter wohnten Jaques Dufau und seine Frau. Jaques erzählte mir vom ‚einfachsten Rezept der Welt' und auch von den Diots, kleinen würzigen Würstchen aus Savoyen, einer Gegend in den französischen Alpen. Auch die Merguez aus Nordafrika hat den richtigen Biss - wenn man sie denn irgendwo bekommt. Zu Hause in Ribe verwende ich ‚Kålpølser', Kohlwurst. Sie heißt nicht etwa so, weil Kohl darin ist, sondern weil sie besonders gut zu Kohl passt. Diese Wurst ist geräuchert und würzig, genau das, was man zu diesem Gericht braucht!

from medieval French ballads to musette, from ragtime to jug-band music, from trad jazz to blues - and an element of Scots song. It was cold in the converted barn, so we had to keep warm with whisky.

A mile down the forest track from Cathy and Jean-François live Jacques Dufau and his wife. He it was who told me of 'the easiest recipe in the world', and about the diot, a little, spicy sausage from Savoie in the French Alps. Berber merguez sausages, if you can find them, have the necessary bite. At home in Ribe I use what the Danes call cabbage sausages (kålpølser). They get their name not because they contain cabbage, but because they go well with cabbage. They are smoked and spicy, which is what this dish needs.

Pot de Diots Dufau

3 sprigs of juniper, with leaves and berries
150ml white wine
30ml olive oil
1 kilo potatoes
500g sliced onions
4 crushed and chopped cloves of garlic
2 carrots
2 parsnips
2 leeks
8 diots or other spicy sausages
salt and pepper

Soak your claybaker in cold water while you are preparing the vegetables. Then the food inside is steamed and stays moist during the cooking instead of sticking to the sides of the vessel. Lay the sprigs of juniper in the bottom of your cocotte, cover with the oil and a glass of white wine. Then lay in a good thick layer of peeled and sliced raw potatoes, adding a little salt and pepper. Add a layer of mixed vegetables. The top layer is your sausages, which you stab with a fork so they don't burst in the oven. Two hours in a medium oven – 180°C.

Pot de Diots Dufau

3 kleine Wacholderzweige mit Blättern und Beeren
150 ml Weißwein
30 ml Olivenöl
1 kg Kartoffeln
500 g Zwiebelringe
4 zerdrückte Knoblauchzehen
2 Möhren
2 Pastinaken
2 Stangen Lauch
8 Diots oder andere würzige Wurst
Salz und Pfeffer

Während man das Gemüse vorbereitet, den Römertopf kalt wässern. Dadurch wird dann der Inhalt im Ofen gedämpft, er bleibt feucht und setzt nicht an der Wand an. Die Wacholderzweige in den Topf geben, mit Öl bedecken und ein Glas Weißwein hinzugießen. Eine dicke Schicht geschälter und in Scheiben geschnittener roher Kartoffeln darauf legen, leicht salzen und pfeffern. Das gemischte Gemüse als nächste Lage dazugeben. Die oberste Schicht bilden die Würste, die vorher mit einer Gabel angestochen werden, damit sie nicht im Ofen platzen. Zwei Stunden bei 180 Grad bei mittlerer Hitze garen.

WETLANDS ASADO

An asado can be a flat, open, iron griddle like a short-shafted badminton racquet for size, that hangs at the back of a gaucho's saddle. At midday, a gaucho will dismount, build a fire on the pampas, lay a thick slice of beef, some tomatoes, a maize cob, maybe an onion or two on his asado over the embers. Asado is the name of the meal as well. A gaucho barbecue.

Bjørn's maternal grandmother moved from Berlin to the Argentine in the early years of the 20th century. Her husband went first, to prepare a home for them on the pampas. But he lost his job at the outbreak of World War 1 – a German working for a British company. Without prospects in South America, they returned to Europe after the war. She brought an asado with her.

Bjørn tucked his granny's Argentinian asado into one of the hatches of his sea kayak when we set off one summer's day to explore the Wadden Sea. Paddling beyond the dyke, we were humbled by the sheer vastness of the sky. The Wadden Sea takes a bit of getting used to. It is the absences that strike first. There is nothing but the dyke and the occasional arrogant little church spire to break the flatness. Just sweeps of green grassland, brown mud flats, blue-grey sea, and that endless sky. There are the blips of the islands a few miles out, the northernmost Friesian islands, the chain that runs parallel to the coast all the way down to The Netherlands. Beyond the islands, the North Sea... and the rest is sky. When you are sitting with your bum just below sea level, the dome of the sky is daunting.

We rowed out against the breeze but with the falling tide – to Keld's Sand, a dry sand bank about 6 kilometres out in the Wadden Sea. We beached our kayaks. We scooped up sand to form a fireplace with a draught channel turned into the wind, then filled the hearth with charcoal. A few drops of lamp oil and a lighter soon had the flames leaping, and the knee-high wind that always blows across the sandbanks had the coals red in no time. Then Bjørn plonked his asado over the hearth and laid

ASADO IM WATT

Ein Asado ist ein flacher Eisenrost, der aussieht wie ein Badmintonschläger mit zu kurz geratenem Griff und den jeder südamerikanische Gaucho an seinem Sattel hängen hat. Mittags steigt der Gaucho vom Pferd, macht auf der Pampa ein Feuer und legt sein Asado mit einem Stück Rindfleisch, einigen Tomaten, Mais, vielleicht noch der einen oder anderen Zwiebel über die Glut. Aber Asado heißt auch das Gericht selbst, Gegrilltes auf Gaucho-Art.

Björns Großmutter mütterlicherseits wanderte zu Beginn des Zwanzigsten Jahrhunderts von Berlin nach Argentinien aus. Ihr Mann fuhr ihr voraus, um alles für den Umzug vorzubereiten. Aber mit Beginn des Ersten Weltkrieges verlor er seine Stelle; er hatte nämlich als Deutscher für eine britische Gesellschaft gearbeitet. Da es für die Beiden in Argentinien keine Perspektive mehr gab, kehrten sie nach Kriegsende zurück. Sie brachte ein Asado mit.

Als wir eines Tages im Sommer aufbrachen, um das Wattenmeer zu erkunden, verstaute Björn das argentinische Asado seiner Oma in seinem Seekajak. Nachdem wir den Deich hinter uns gelassen hatten, wurden wir von der ungeheuren Weite des Himmels geradezu überwältigt. An das Wattenmeer muss man sich erst gewöhnen. Was man zuerst bemerkt, ist die große Leere. Nichts unterbricht die unendliche Fläche außer vielleicht der Deich oder gelegentlich ein vorwitziger kleiner Kirchturm dahinter. Nur grünes Grasland, brauner Schlamm, das blaugraue Meer und der endlose Himmel. Weiter draußen, nur als helle Flecken sichtbar, Inseln. Die nördlichsten der friesischen Inselkette, die sich, der Küste vorgelagert, bis zu den Niederlanden erstreckt. Hinter den Inseln die Nordsee und dann nur noch Himmel... Wenn man mit seinem Hintern etwas unterhalb der Wasseroberfläche sitzt, fühlt man sich ganz klein unter dem riesigen Himmelsgewölbe.

Wir paddelten hinaus, gegen den Wind aber mit ablaufendem Wasser. Unser Ziel war Kelds Sand, eine flache Sandinsel etwa sechs Meilen draußen im Wattenmeer. Dort zogen wir unsere Kajaks an Land, häuften Sand zu einer Feuerstelle mit einer Öffnung in Windrichtung auf und füllten sie mit Holzkohle. Einige Tropfen Lampenöl und ein Feuerzeug, schon züngelten die Flammen. Und da der Wind dort immer kräftig über die Sandbänke fegt, war die Glut im Nu entfacht. Dann legte Björn sein Asado auf das Feuer und darauf die Steaks und Tomaten. Dazu gab es ein Glas Wein aus dem mitgebrachten Plastikschlauch (Flaschen sind schwer und Getränkekartons halten in einem Kajak nicht lange), und fertig war eine unvergessliche Mahlzeit in einer Umgebung, in der wir uns gleichzeitig verloren und willkommen fühlten.

the steaks and tomatoes on the iron grid. A glass of wine from the plastic bag we had brought (bottles are heavy, cardboard boxes don't last long in kayaks,) and we had a meal to remember, in surroundings that dwarfed us and welcomed us at the same time.

OYSTERS

Wadden Sea oysters are a biological anomaly. Seed oysters were imported years ago to start an oyster industry. The intention was to breed the European flat oyster, but among the seed oysters were Pacific oysters. These bully boys took over,

in spite of the fact that the biological textbooks all say that they need a water temperature of 20° to breed. Ignoring this, these big oysters thrive in the cold water of the Wadden Sea, to the extent that they threaten the local blue mussel population. So everyone who lives within striking distance of the Wadden Sea has a civic duty to eat all the oysters they can possibly consume.

There are many ways of enjoying oysters, though purists say there is only one: au naturel. When you get them home, tap any open oysters. If they do not close tight, out they go. Clean your oyster shells under the cold water tap using a stiff-bristled brush. Even the irregular-shaped Pacific oysters have a curved bottom shell - the cup - and a flatter top shell - the lid. Holding the oyster steady on your tabletop in a thick dishcloth with the lid uppermost, insert the tip of your oyster knife (you'll break any other knife) just beside the hinge at the thickest end of the shell. Keeping the shell level so as not to lose any of the liquid inside, twist your knife to pop the adductor muscle that the oyster uses to keep the shell closed. Scrape the meat from the top shell, and discard the shell. With the tip of your knife, loosen the oyster meat from its moorings within the cup and serve it in its juice in the bottom half shell. A squeeze of lemon is all that is necessary. Some serve oysters with an oil and vinegar dressing containing finely chopped shallots, seasoned with salt, pepper and sugar.

AUSTERN

Biologisch gesehen gehören die heute dort vorkommenden Austern nicht ins Wattenmeer. Vor Jahren wurden Saataustern importiert, um Austernkulturen anzulegen. Eigentlich sollte die Europäische Auster gezüchtet werden, aber unter den jungen Austern waren auch einige Pazifische Austern. Diese rücksichtslosen Gesellen setzten sich schnell gegenüber den einheimischen Austern durch, obwohl sämtliche Biologiebücher behaupten, dass sie zur Fortpflanzung eine Wassertemperatur von mindestens 20° C benötigen. Aber sie ignorieren das einfach und breiten sich im Watt so stark aus, dass sie bereits die dortige Miesmuschelpopulation bedrohen. Deshalb hat jeder, der in der Nähe des Wattenmeeres wohnt, die verdammte Pflicht und Schuldigkeit, so viele Austern wie nur möglich zu vertilgen!

Es gibt viele Arten, Austern zu genießen, auch wenn die Puristen behaupten, es gäbe nur eine: au naturel.

Vor der Zubereitung leicht auf alle offenen Austern klopfen. Die sich nicht oder nicht richtig schließen, unbedingt aussortieren. Die Austern in ihren Schalen unter kaltem Wasser mit einer harten Bürste säubern. Selbst die sehr unregelmäßig geformten Pazifischen Austern haben eine gewölbte Unterschale und eine flachere Oberschale, manchmal auch als Deckel bezeichnet.

Die Auster mit dem Deckel nach oben in einem dicken Küchenhandtuch sicher auf der Tischplatte fixieren und die Spitze eines Austernmessers (jedes andere Messer bricht beim Öffnen ab) direkt neben dem Scharnier an der dicksten Stelle zwischen den Schalen einstechen. Das Messer drehen, um das Scharnier zu knacken; dann entlang der oberen Schale den Schließmuskel durchtrennen. Dabei die Auster immer waagerecht halten, damit nichts von der Flüssigkeit im Inneren verloren geht. Von der Oberschale das Fleisch abschaben, die Schale kann dann weggeworfen werden. Mit der Messerspitze vorsichtig das Austernfleisch von der Unterschale trennen und darin im eigenen Saft servieren, vor dem Verzehren lediglich mit etwas Zitronensaft beträufeln.

Die Austern können auch mit einer Sauce aus Öl, Essig, sehr fein gehackten Schalotten, Salz, Pfeffer und Zucker serviert werden.

Oyster Gangs

Pacific oysters grow relatively quickly, can live for 30 years, and they cement themselves to rocks or any other hard surface available. Even to each other: in the Wadden Sea, where there are few rocks, oysters can be found lumped together in huge, heavy boulders of crinkly, sharp-edged shell. Five, six or more oysters can form an impenetrable, convoluted colony. The only way to retrieve the food inside is to drop the entire mass into a bucket of boiling water. The oysters open after a couple of minutes - oysters have no central nervous system, so they feel no pain, but what do I know - and you can fish them out with your knife. Eat them today or freeze them for another day.

Steamed Oysters

Individual oysters can also be steamed in salt water and white wine for 8 minutes and served with fresh lemon and chopped red onions.

Wrapped Oysters

Using boiled oysters, fresh or thawed, wrap each one in bacon and roast in the oven for 6 minutes at 220º. Or shake your boiled oysters in a plastic bag with a teaspoon each of paprika, chili, pepper, garlic powder, dried basil, oregano and flour, then fry them briefly in a little oil.

Oysters Gratin

Replace the boiled oysters in their cup-shells, cover with breadcrumbs, butter, garlic and parsley, and grill in the oven until the top is golden brown. Crusty bread, lemon wedges and champagne go well with this.

But no cooked oyster can ever provide the inexplicable, indescribable magic of a fresh, raw oyster.

Austernklumpen

Pazifische Austern wachsen recht schnell, können dreißig Jahre alt werden und verankern sich auf Felsen oder auf jeder anderen harten Oberfläche. Oft sogar auf ihren Artgenossen: Im Wattenmeer, wo es kaum Felsen gibt, kann man sie in großen schweren zerfurchten Kolonien aus scharfkantigen Schalen finden. Fünf, sechs oder mehr Tiere bilden einen undurchdringlichen Klumpen. Die einzige Möglichkeit, an das Fleisch zu kommen, besteht darin, den ganzen Brocken in einen Eimer mit kochendem Wasser zu werfen. Austern haben kein zentrales Nervensystem und fühlen deshalb angeblich keinen Schmerz - sagt man zumindest... Nach einigen Minuten öffnen sich dann die Schalen und man kann sie mit einem Messer herausfischen. Noch am gleichen Tag essen oder für später einfrieren.

Gedämpfte Austern

Austern können auch einzeln in Salzwasser und Weißwein acht Minuten gedämpft und mit frischer Zitrone und gehackten roten Zwiebeln serviert werden.

Austern im SpeckMantel

Frische gekochte oder aufgetaute Tiefkühl-Austern in Speck einwickeln und im Ofen bei 220° C sechs Minuten garen.

Oder gekochte Austern in einer Plastiktüte mit jeweils einem Teelöffel Paprika, Chili, Pfeffer, Knoblauchpulver, getrocknetem Basilikum, Oregano und Mehl schütteln, dann in ein wenig Öl kurz braten.

Gratinierte Austern

Die gekochten Austern wieder in ihre Unterschalen legen, Paniermehl, Butter, Knoblauch und Petersilie darüber geben und im Ofen grillen, bis die Oberfläche goldbraun ist. Krosses Brot, Zitronenviertel und Champagner passen gut dazu.

Niemals aber bieten gekochte Austern den gleichen unerklärlichen und unbeschreiblichen Reiz wie das Schlürfen frischer roher Austern!

LADY OF THE LAMP

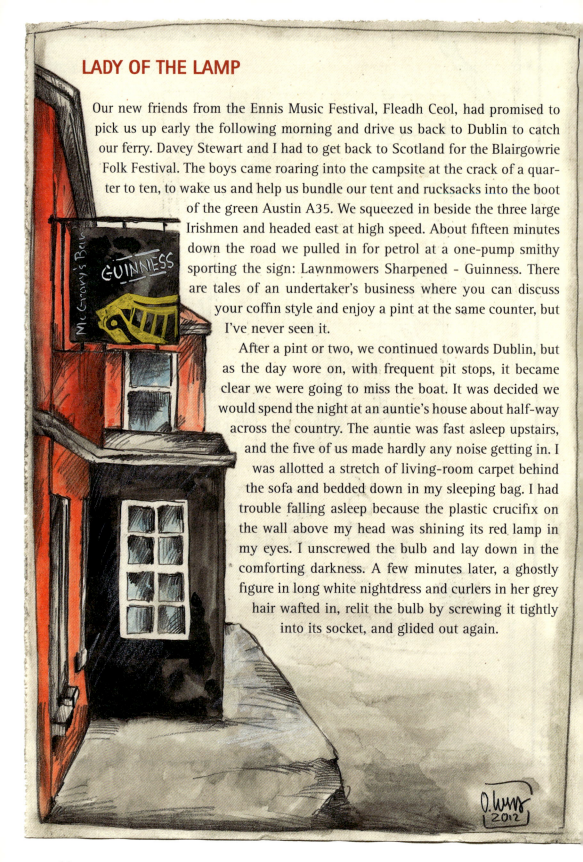

Our new friends from the Ennis Music Festival, Fleadh Ceol, had promised to pick us up early the following morning and drive us back to Dublin to catch our ferry. Davey Stewart and I had to get back to Scotland for the Blairgowrie Folk Festival. The boys came roaring into the campsite at the crack of a quarter to ten, to wake us and help us bundle our tent and rucksacks into the boot of the green Austin A35. We squeezed in beside the three large Irishmen and headed east at high speed. About fifteen minutes down the road we pulled in for petrol at a one-pump smithy sporting the sign: Lawnmowers Sharpened - Guinness. There are tales of an undertaker's business where you can discuss your coffin style and enjoy a pint at the same counter, but I've never seen it.

After a pint or two, we continued towards Dublin, but as the day wore on, with frequent pit stops, it became clear we were going to miss the boat. It was decided we would spend the night at an auntie's house about half-way across the country. The auntie was fast asleep upstairs, and the five of us made hardly any noise getting in. I was allotted a stretch of living-room carpet behind the sofa and bedded down in my sleeping bag. I had trouble falling asleep because the plastic crucifix on the wall above my head was shining its red lamp in my eyes. I unscrewed the bulb and lay down in the comforting darkness. A few minutes later, a ghostly figure in long white nightdress and curlers in her grey hair wafted in, relit the bulb by screwing it tightly into its socket, and glided out again.

DIE DAME MIT DER LAMPE

Unsere neuen Freunde vom Fleadh Ceol - Musikfestival im irischen Ennis hatten versprochen, uns am nächsten Morgen in aller Herrgottsfrühe abzuholen und nach Dublin zur Fähre zu fahren. Denn Davey Stewart und ich mussten zurück nach Schottland zum Blairgowrie-Folkfestival. Kurz nach dem Morgengrauen um Viertel vor zehn kamen sie schließlich in ihrem uralten grünen Austin mit quietschenden Reifen auf unserem Campingplatz an, um uns zu wecken, uns zu helfen, unser Zelt und unsere Rucksäcke zusammenzupacken und alles im Kofferraum zu verstauen. Nachdem wir uns zwischen die drei großen Iren in das kleine Auto gequetscht hatten, ging es mit Vollgas los in Richtung Osten. Aber schon eine Viertelstunde später hielten wir wieder an einer Autowerkstatt mit nur einer einzigen Zapfsäule und einem Schild ‚Wir schärfen Rasenmäher - Guinness'. Man hat ja sogar schon von irischen Bestattungsunternehmen gehört, bei denen der Kunde am selben Tresen seinen Sarg aussuchen und ein Guinness trinken kann. Selbst gesehen habe ich das allerdings nicht.

Nach ein paar Gläsern fuhren wir weiter. Aber da noch häufiger solche Boxenstopps eingelegt wurden, war bald klar, dass wir die Fähre nicht mehr rechtzeitig erreichen würden. Also beschlossen wir, unterwegs bei einer alten Tante zu übernachten. Tantchen schlief schon ganz fest oben im ersten Stock, und wir fünf schlichen auf Zehenspitzen ins Haus. Ich bekam einen Platz auf dem Wohnzimmerteppich hinter dem Sofa und rollte dort meinen Schlafsack aus, konnte jedoch nicht einschlafen, weil das rote Licht eines Plastik-Kruzifixes an der Wand über mir direkt in meine Augen schien. Also drehte ich die Glühbirne ein wenig heraus, nun war es angenehm dunkel und zufrieden legte ich mich wieder hin. Aber kurze Zeit später schwebte ein geisterhaftes Wesen in einem langen weißen Nachthemd und mit Lockenwicklern im Haar hinein, schraubte die Birne fest, glitt hinaus und das rote Licht brannte wieder.

Rindfleisch-Guinness-Schmortopf

Manche sehr leckere Fleischstücke vom Rind sind recht preisgünstig, müssen jedoch länger gegart werden. Genau das Richtige für den schweren Schmortopf: Osso bucco,

Beef and Stout Hot Pot

Some of the tastiest cuts of beef are cheap, but need longer cooking: perfect for your thick-bottomed slow food pot with its heavy lid. Osso bucco, sliced foreleg of beef with bone and marrow, or shank, or shin - leave the bone in - are ideal for this dish.

> 1 kg beef on the bone
> 25g flour
> 1 tsp salt
> 1/2 tsp pepper
> 1/2 tsp dried thyme
> 1/2 tsp oregano
> 1/2 tsp rosemary
> 60ml olive oil
> 250ml stout
> 250g diced carrots
> 4 crushed chopped cloves of garlic
> 25g chopped parsley
> 2 bay leaves

Start early in the day by dropping your osso bucco into a plastic bag containing flour, salt, pepper, dried thyme, oregano and rosemary. Shake and turn the meat in the mixture until thoroughly coated, then seal the chunks in hot oil in your pot. Remove the beef, reduce the heat under your pot and melt chopped onions in the warm oil, throw in the rest of the flour mix when the onions are transparent, stirring to avoid sticking. Lay your chunks of meat into your pot, add sliced carrots, garlic, a couple of bay leaves and half a pint of stout. Slide the tightly closed pot into the oven at 100ºC and leave for hours on end. Serve with a sprinkling of chopped parsley on top.

   Oven roasted root vegetables do not need much oil or seasoning, and are an ideal match for this tasty casserole. The drier the vegetables, the more gravy they can absorb on your plate.

> 500g potatoes
> 200g each celeriac, turnip, beetroot, parsley root, parsnip
> 50ml olive oil
> salt and pepper

Shake the cleaned and chopped vegetables in a plastic bag with the oil and seasoning. Spread them out on a baking tray. Set the oven to 200º and bake for 40 minutes.

eine Beinscheibe vom Rind mit Knochen und Mark oder ein Bruststück, ebenfalls mit Knochen, sind ideal für dieses Gericht.

> 1 kg Rindfleisch mit Knochen
> 25 g Mehl
> 1 Teelöffel Salz
> 1/2 Teelöffel Pfeffer
> 1/2 Teelöffel getrockneter Thymian
> 1/2 Teelöffel Oregano
> 1/2 Teelöffel Rosmarin
> 60 ml Olivenöl
> 250 ml Guinness
> 250 g gewürfelte Möhren
> 4 gehackte und zerdrückte Knoblauchzehen
> 25 g gehackte Petersilie
> 2 Lorbeerblätter

Morgens rechtzeitig mit der Zubereitung beginnen: Mehl, Salz, Pfeffer, getrockneten Thymian, Oregano und Rosmarin in einen Plastikbeutel füllen, gut schütteln und immer wieder wenden, damit das Fleisch vollständig von der Mischung bedeckt wird. Anschließend die Stücke im Topf scharf anbraten, um die Poren zu schließen. Das Fleisch wieder aus dem Topf nehmen, die Hitze reduzieren und die gehackten Zwiebeln im heißen Öl glasig werden lassen, dann die Mehl-Gewürzmischung unterrühren. Die Fleischstücke wieder in den Topf geben, Möhren, Knoblauch, einige Lorbeerblätter und das Guinness hinzufügen. Den geschlossenen Topf in den Ofen schieben und alles bei 100° C mehrere Stunden schmoren. Mit ein wenig Petersilie bestreut servieren.

Um Wurzelgemüse im Ofen zu garen, braucht man nur wenig Öl und Gewürze. Es passt auch hervorragend zu diesem leckeren Gericht. Je trockener das Gemüse, desto mehr Soße kann es später auf dem Teller aufsaugen.

> 500 g Kartoffeln
> jeweils 200 g Sellerie, Steckrüben, Rote Beete,
> Wurzelpetersilie, Pastinaken
> 50 ml Olivenöl
> Salz und Pfeffer

Das gewaschene, geputzte und kleingeschnittene Gemüse zusammen mit dem Öl und den Gewürzen in einen Plastikbeutel füllen und gut schütteln. Auf einem Backblech verteilen und bei 200° C 40 Minuten im Ofen garen.

SHAKESPEARE AND THE CHICKEN THIEF

By the square of old railway sleepers stood a dozen students and their teacher, trying hard to credit what Lars Christian Bentson, the archeologist, was telling them. The tall green plants growing in the black earth sprang from seeds found about 12 feet under present day ground level. They had been dropped by a monk working in the monastery garden in about 1360. These were the plants that the Grey Friars, followers of St.Francis of Assisi, tended in their monastery garden in order to make medicines from the leaves, berries, catkins and roots. As one student pointed out, if the herbalists had been women rather than monks, they might have been burned at the stake.

Among the plants were henbane, purple-flowered thorn apple, English mandrake and deadly nightshade, and more common plants such as elder, opium poppies, and bishop's weed. The English names are evocative: henbane was so-called because chicken thieves

SHAKESPEARE UND DIE HÜHNERDIEBE

Neben dem Viereck aus alten Eisenbahnschwellen standen ein Dutzend Schüler mit ihrem Lehrer. Sie hörten mit Erstaunen, was der Archäologe Lars Christian Bentson ihnen erzählte: Die hochgewachsenen grünen Pflanzen, die vor ihnen in der schwarzen Erde wurzelten, waren aus Samen gewachsen, die man etwa dreieinhalb Meter unter der heutigen Bodenoberfläche gefunden hatte und die ein im Klostergarten arbeitender Mönch um das Jahr 1360 dort gesät hatte. Es waren also Pflanzen, die damals von den Franziskanern, den Anhängern des Franz von Assisi, in ihrem Klostergarten angebaut wurden, um aus den Blättern, Beeren, Blütenkätzchen oder Wurzeln Arzneimittel zu gewinnen. Ein Schüler meinte, dass zu jener Zeit solchen Kräuterkundigen wohl der Scheiterhaufen gedroht hätte, wenn sie keine Mönche sondern Frauen gewesen wären.

Unter den Pflanzen waren Bilsenkraut, Violetter Stechapfel, Rotfrüchtige Zaunrübe und Schwarze Tollkirsche sowie häufigere Pflanzen wie Holunder, Schlafmohn und Ajowan. Die umgangssprachlichen Namen beziehen sich meist auf bestimmte Merkmale, Eigenschaften oder auch auf die Verwendung der Pflanzen. Bilsenkraut beispielsweise heißt auch Schlafkraut oder Hühnertod. Einst mischten nämlich Hühnerdiebe einige Samenkörner unter das Hühnerfutter, was die Hennen schläfrig machte, sodass man sie dann nachts stehlen konnte, ohne die ganze Nachbarschaft aufzuwecken.

Warum aber schauten sich diese dänischen Englisch-Schüler alte Kräuterbeete an, statt in der Schule zu sitzen und sich mit Shakespeare zu beschäftigen? Ihr Lehrer hatte ihnen die Aufgabe gegeben, herauszufinden, aus welchen Pflanzen der Bruder Lorenzo in Shakespeares Romeo und Julia wohl den Trank hergestellt hat, der Julia für 48 Stunden in einen scheintoten Schlaf versetzt. War das nur erfunden, nichts als dichterische Freiheit, oder wäre so etwas wirklich möglich gewesen? Wäre ein echter Klosterbruder damals in der Lage gewesen, ein solches Mittel herzustellen?

Das könnte ein wichtiger Aspekt sein, wenn man bei dem Theaterstück die Theorie der ‚willentlichen Aussetzung der Ungläubigkeit' diskutiert.

Eine Baufirma hatte das Geschäft aufgegeben, und bevor deren Gelände neu genutzt werden konnte - es sollten dort Mehrfamilienhäuser gebaut werden - mussten es die Archäologen untersuchen. Denn wir befinden uns mitten in Dänemark in der Stadt Ribe, wo man kaum seinen Garten umgraben kann, ohne auf Spuren vergangener Zeiten zu stoßen. Es ist dort gesetzlich vorgeschrieben, dass vor jeder Baumaßnahme die Spatenwissenschaftler einen Blick auf die Fläche werfen müssen. Was schon mal eine Verzögerung von einem Jahr oder länger nach sich zieht und deshalb für einige Bauvorhaben das Aus bedeutet hat, noch bevor sie überhaupt begonnen

would stealthily mix some seeds from this plant into hen feed. The hens would get drowsy and this made them easier to steal at night, without waking up the whole neighbourhood.

Why were a class of Danish students of English staring at a bed of weeds instead of sitting studying in college? Their teacher had asked them to identify the plants that Friar Lawrence, the character in Shakespeare's Romeo and Juliet, used to make the potion that knocked Juliet out for 48 hours. Was this pure fiction, nothing but poetic licence, or was it possible? Could a real-life Friar Lawrence make such a drug? This could be an important part of a discussion of dramatic suspension of disbelief.

A builder's yard had closed and before the site could be developed -- there were plans for blocks of flats -- the archeologists had to be allowed in to investigate. This is Ribe, in mainland Denmark, after all, where it is hard to dig a garden without turning up historic relics. By law, any building project has to wait until the history boys have had a look. This sometimes means a delay of up to a year or more, and has meant bankruptcy for building projects. But these are the terms, in one of the most historically important towns in Europe.

The builder's yard lay at the end of St.Laurentiigade, a coincidence in names the teacher did not fail to bring to his students' attention. The site was over 2000 square metres, the archeological dig the most expensive in Denmark's history, costing over 9 million kroner. The archeologists knew that they were excavating Denmark's first Franciscan monastery, founded in 1232, only six years after Francis' death. They had identified various facilities on the site, chapels and refectory, cloistered quadrangle, cells for residents and visitors, infirmary, heating and water systems, baths and sanitation. And the herb garden, full of the plants whose seeds sprouted after six hundred and fifty years.

The students concluded that if fourteenth-century chicken thieves could use henbane to stop their quarries cackling, then a skilful and experienced Grey Friar could surely concoct a potion to put a Veronese damsel to sleep for 48 hours.

wurden. Aber in einer der für Historiker interessantesten Städte Europas herrschen nun einmal besondere Bedingungen.

Das Gelände der Baufirma lag an der St. Laurentiigade, der St. Lorenzstraße, und der Lehrer versäumte es natürlich nicht, auf die Namensgleichheit mit Shakespeares Figur hinzuweisen. Es waren insgesamt mehr als 2000 Quadratmeter und mit über neun Millionen Kronen die teuersten Ausgrabungen, die man jemals in Dänemark durchgeführt hatte. Denn die Archäologen wussten, dass sie hier das erste Franziskanerkloster Dänemarks freilegten, das bereits im Jahre 1232, nur sechs Jahre nach Franziskus' Tod gegründet worden war. Sie hatten bereits verschiedene Teile identifiziert, Kapellen, das Refektorium, den Klosterhof mit Kreuzgang, die Zellen der Bewohner und die für Besucher, das Hospital, Heizungssysteme, Wasserleitungen, Bäder und sanitäre Anlagen. Und natürlich den Kräutergarten, der nun voller Pflanzen war aus Samen, die noch nach sechshundertfünfzig Jahren gekeimt hatten!

Die Schüler kamen zu dem Schluss, dass, wenn im vierzehnten Jahrhundert gewöhnliche Hühnerdiebe mit Schlafkraut oder Hühnertod das Gackern ihrer Beute verhindern konnten, ein geschickter und erfahrener Franziskaner allemal in der Lage gewesen sein musste, einen Trank zu brauen, der eine veronesische Jungfrau achtundvierzig Stunden lang in todesgleichen Schlaf versetzten konnte.

Claybaker Chicken

Buy the biggest, most expensive chicken you can find. Farmers of organic chickens sometimes keep a couple of thousand birds in a light tin shed on wheels, with handles so they can move it around the field, giving the chickens fresh grass for grazing every so often. Even then, I believe these hens have a better life than their unfortunate cousins who spend their short lives stacked in wire cages. Free-range, organic hens cost more. But since the proportion of bone to meat in a small, mass-produced battery chicken is much higher than in a big, meaty, free-range bird, then the dearer bird gives you more meat for your money.

> 1800g free-range organic chicken
> 2 carrots
> 1 large onion
> 2 sticks of celery
> half a celeriac root
> 2 leeks
> 2 bay leaves
> 5 crushed chopped garlic cloves
> salt and pepper
> 1 tsp paprika
> 1 lemon
> 150ml white wine
> 60ml olive oil
> 20ml white wine vinegar with tarragon

Soak your claybaker in cold water while you clean, peel and chop your vegetables into bite-sized chunks. (Incidentally: never use soap when cleaning your claybaker. It will soak in and ruin the flavour.) Celery and chicken complement each other beautifully. Throw the vegetables into the bottom of the cocotte with the bay leaves, garlic, salt, pepper and paprika, a glass of white wine, two dashes of vinegar, 2 tablespoonfuls of olive oil, a cup of chicken and vegetable stock. Wash your chicken and rub salt inside and out, squeeze the lemon over it and set the beast on top of all your vegetables in the cocotte. Press the chicken down so that the upturned breast does not come into contact with the lid, then slide the full claybaker into the cold oven, turn up to 180° and leave for an hour and a half.

Huhn aus dem Römertopf

Kaufen Sie für dieses Gericht nur das größte und teuerste Huhn, das Sie finden können! In einer Art Freilandhaltung leben manchmal einige Tausend Hühner in einem leichten mobilen Blechstall, an dem Räder und Griffe angebracht sind, sodass man ihn versetzen kann und die Hühner immer in frischem Gras picken können. Ich meine aber, dass die Tiere es selbst dann noch besser haben als ihre unglücklichen Verwandten, die ihr kurzes Leben eng zusammengepfercht in Drahtkäfigen verbringen müssen. Echte Freiland-Biohühner sind teurer. Aber da das Verhältnis von Knochen und Fleisch bei einem kleinen Huhn aus Massentierhaltung sehr viel ungünstiger ist, als bei einem großen fleischigen Freilandhuhn, bekommt man mit dem teureren Huhn auch mehr Fleisch für sein Geld.

- 1800 g Freiland-Biopoularde
- 2 Möhren
- 1 große Zwiebel
- 2 Stangen Sellerie
- 1/2 Sellerieknolle
- 2 Stangen Porree
- 2 Lorbeerblätter
- 5 zerdrückte Knoblauchzehen
- Salz und Pfeffer
- 1 Esslöffel Paprika
- 1 Zitrone
- 150 ml Weißwein
- 60 ml Olivenöl
- 20 ml Estragon-Weißweinessig

Den Römertopf kalt wässern, während das Gemüse gesäubert, geschält und in mundgerechte Stücke zerkleinert wird. (Übrigens, beim Reinigen des Römertopfes nie Spülmittel benutzen! Es wird von den Wänden aufgenommen und verdirbt den Geschmack) Sellerie und Huhn passen hervorragend zusammen. Das Gemüse mit den Lorbeerblättern, dem Knoblauch, Salz, Pfeffer, dem Paprika, einem Glas Weißwein, zwei Spritzern Essig, zwei Esslöffeln Olivenöl und einer Tasse Hühner- und Gemüsebrühe in den Topf geben. Das Huhn waschen und innen und außen mit Salz einreiben, die Zitrone darüber ausdrücken und das Tier in den Topf auf das Gemüse legen. So weit herunterdrücken, dass die Brust den Deckel nicht berührt, dann den gefüllten Römertopf in den kalten Ofen schieben, diesen auf 180° C stellen und alles eineinhalb Stunden lang schmoren lassen.

ONCE BURNED

Khushi's in Lothian Street was quite literally a curry shop; restaurant was too fine a title. Khushi had moved into an old shop, hung curtains in the windows just above eye level to give the diners some privacy, installed eight oilcloth-covered tables with four chairs at each, and served curry from midday to mid-evening. Hamish Imlach led Archie Fisher and me to Khushi's during 'the holy hour', when the pubs closed in the afternoon. Hamish had a head start when it came to Indian culture. He was born in Calcutta. He knew all about Indian cuisine, and he made a mean curry himself. Years later, Tønder Festival was not slow to exploit Hamish's culinary talents for their Monday night staff party. Back then, I had just arrived in Edinburgh and it was all new to me. It was not just Fifers who were moving to Edinburgh. The influx of Indians and Pakistanis to the Scottish capital gave rise to all the usual complaints from the natives about large numbers of immigrants in tiny flats, about the smell of curry in the stairwells.

Khushi's menu was basic. I ordered parrot-fashion after the experts: lamb curry, plain rice, tarka dal, chapati. Water, please. I drank lots of water during that first Khushi curry. I looked around at my tablemates, who were chatting away as though their mouths were not on fire. I could not believe they had ordered the same as me. I was suffering. I was in pain. My lips and tongue were being seared by red hot embers. At the same time, it tasted delicious. I mixed the lamb curry on my plate with the tarka dal's lentils, with rice, and – foolishly – drank more cold water. This just exacerbated the

GEBRANNTES KIND ...

Khushi's in der Lothian Street war kein feines Restaurant, sondern eher eine Art indischer Schnellimbiss: Ein ehemaliger Laden, in dessen Schaufenster Khushi, der Inhaber, bis etwa in Augenhöhe Vorhänge angebracht hatte, um seine Gäste vor neugierigen Blicken zu schützen. Er hatte acht Tische mit Wachstuchtischdecken und je vier Stühlen aufgestellt und servierte nun dort von mittags bis abends seine Currys. Eines Nachmittags, als gerade alle Kneipen wegen der damals vorgeschriebenen Ruhestunde geschlossen waren, führte Hamish Imlach Archie Fisher und mich zu Khushi's. Was indische Kultur anbetrifft, war uns Hamish um Längen voraus, denn er war in Kalkutta geboren. Er wusste so ziemlich alles über die indische Küche und konnte auch selbst ein köstliches Curry zubereiten. Jahre später auf dem Folk-Festival in Töndern hatten es die Organisatoren schnell heraus, Hamishs Kochtalent für ihre Mitarbeiter-Partys zu nutzen, die immer montagabends stattfanden.

Aber damals war ich neu in Edinburgh und wusste von all dem nichts. Ich kam aus der nahegelegenen Region Fife, aber auch von weither zog es zu jener Zeit die Menschen in die schottische Hauptstadt. Der starke Zustrom von Indern und Pakistanern gab den Einheimischen Anlass zu den üblichen Klagen, wie etwa, dass die Einwanderer zu Dutzenden in winzigen Unterkünften hausten oder über den Currygeruch im Treppenhaus.

Khushis Speisekarte war sehr einfach. Ich machte es den Experten nach und nahm Lammcurry, Reis, Tarka Dal, Chapati. Und Wasser bitte! Zu diesem meinem ersten Curry bei Khushi trank ich Unmengen von Wasser. Ich schaute zu meinen Tischnachbarn, die sich angeregt unterhielten, als würde ihr Mund kein bisschen brennen und dabei hatten wir doch das Gleiche bestellt! Ich litt fürchterlich, es tat weh und meine Lippen und meine Zunge fühlten sich an, als ob sie von glühenden Kohlen versengt würden! Aber dabei schmeckte es hervorragend! Auf meinem Teller mischte ich das Lammcurry mit den Linsen des Tarka Dal, mit Reis - und trank törichterweise noch mehr kaltes Wasser. Das verschlimmerte nur meine Qualen. Die Schmerzen wurden jedoch gelindert durch das Vergnügen, köstliche Bällchen aus Reis, Fleisch und Sauce in ein Stück Chapati-Fladen zu rollen. Nach dem Essen setzte dann die Post-Curry-Euphorie ein. Es ist allgemein bekannt und lässt sich offenbar auch chemisch nachweisen, dass die Gewürze in einem Curry die Stimmung heben - und dass sie abhängig machen: Als wir nach dem Essen wieder die Lothian Street hinuntergingen, konnte ich Hamish das Versprechen abnehmen, mir ein Curry-Rezept zu geben.

Am folgenden Samstag nach dem Einkaufen belegte ich dann unsere Küche mit Beschlag und begann zu kochen. Ich wohnte zusammen mit Bill und Fraser in einer Wohnung im dritten Stock in der Forrest Road 47. Es war noch keine Stunde ver-

torture. The pain was counteracted by the delight of rolling a ball of rice, meat and sauce in a sliver of chapati. Afterwards, the post-curry euphoria set in. This is apparently a chemically provable and recognised fact: that the spices in a curry induce a feeling of well-being. And dependence. As we walked back down Lothian Street, I got Hamish to promise he would give me a recipe.

The following Saturday, I'd done the shopping, commandeered the kitchen in the third-floor flat at 47, Forrest Road I shared with Bill and Fraser, and started cooking. Less than an hour into the process, the doorbell rang. There stood the elder wife of the Indian doctor who lived upstairs. Grey hair in a bun, round glasses, no nonsense. She had come to complain about the smell.

"What are you doing?" she demanded.

"I'm making curry."

"No, you're not. It smells dreadful. Let me see."

And she swept by me into the kitchen. After a quick, derisory glance into my pot, she threw the entire contents into the waste bin.

"Hang on! That was my week's food!"

She disappeared up the stairs, leaving me to my outrage and hunger. Shortly, she reappeared with a huge basket full of packets,  jars, vegetables and some meat still in its butcher's paper. Her onions were chopped already, and she threw them into the mixture of ghee and oil in the large, thick-bottomed pan I had been using. She praised my choice of pan: it was thick-bottomed, cast iron, weighed a half ton, had a long handle, and would make an excellent murder weapon. She lit the oven too.

Deepa – her name meant Light, she explained – had a jar of adrak lasone, mixed garlic and ginger paste in oil, something that my fridge has never been without since. When I moved to dwellings that actually possessed a fridge, that is.

The whole secret, according to Deepa, was to melt the onions, garlic and ginger, not sear them or brown them. Make them sweat, she said. While the onions and garlic-ginger paste were sweating, Deepa spooned whole seeds of cumin, coriander, fenugreek, cardamum, mustard and black pepper on an ovenproof plate and slid it into the oven. Roasting the spices brings out the flavour and makes them easier to grind. The seeds were roasted under careful supervision - they must not turn black. You can roast them on a dry frying-pan, which makes it easier to keep an eye on them. Pour the spices together into a mortar. She did not pound the pestle into the

gangen, da klingelte es an der Tür. Draußen stand eine ältere Dame, die Frau des indischen Arztes aus der Etage über uns, ihr graues Haar zu einem Knoten gebunden, runde Brillengläser und sehr geradeheraus: Sie beschwerte sich über den Geruch.

„Was machen Sie denn da?" wollte sie wissen.

„Ich koche ein Curry."

„Nein, bestimmt nicht, so wie das stinkt! Lassen Sie mich mal sehen!"

Und schon war sie an mir vorbei und in der Küche, warf einen kurzen abfälligen Blick in meinen Topf und schüttete dann den ganzen Inhalt in den Mülleimer.

„Moment mal! Das war mein Essen für die ganze nächste Woche!"

Aber schon war sie wieder im Treppenhaus verschwunden und ich stand entrüstet und hungrig in meiner Küche. Nach kurzer Zeit kam sie jedoch wieder zurück. In einem großen Korb hatte sie diverse Päckchen und Gläser, Gemüse und Fleisch – Letzteres noch in dem Papier, in das es der Schlachter eingeschlagen hatte. Sie warf fertig gehackte Zwiebeln in eine Mischung aus Ghee und Öl in meiner großen schweren Pfanne, die sie sehr lobte. Aus Gusseisen, mit dickem Boden, langem Stiel und einem Gewicht von mindestens einer halben Tonne hätte sie auch eine prima Mordwaffe abgegeben. Dann stellte sie den Herd an.

Deepa – ihr Name bedeute ‚Licht', erklärte sie – hatte auch ein Glas Adrak Lasan dabei, eine Paste aus Knoblauch, Ingwer und Öl, etwas, das von jenem Tag an nie in meinem Kühlschrank fehlte – das heißt, sofern es in der Wohnung, in der ich gerade wohnte, einen Kühlschrank gab.

Das ganze Geheimnis sei, so meinte Deepa, dass man Zwiebeln, Knoblauch und Ingwer bei kleiner Hitze langsam weich werden lassen müsse, man dürfe sie auf keinen Fall scharf anbraten oder bräunen. Man muss sie anschwitzen, sagte sie. Während also die Zwiebeln und die Knoblauch-Ingwer-Paste glasig wurden, verteilte Deepa mit einem Löffel Kümmel-, Koriander-, Bockshornklee-, Kardamon-, Senf- und schwarze Pfefferkörner auf einem hitzefesten Teller und schob diesen dann in den Ofen. Wenn man die Gewürze röstet, verstärkt das den Geschmack und außerdem sind sie leichter zu mahlen. Sie behielt das Ganze ständig im Auge, denn die Körner dürfen nicht schwarz werden. In einer Bratpfanne ohne Öl hat man alles besser im Blick. Anschließend kommen die Gewürze in einen Mörser. Sie zerstampfte aber die Körner nicht mit dem Stößel, sondern zerdrückte sie vorsichtig auf dem Grunde des Gefäßes. Viele Leute verwenden dafür heute eine elektrische Kaffeemühle.

mortar, but quietly crushed the roasted seeds round the base of the bowl. Many people now use an electric coffee grinder for this. She also had yellow turmeric powder which she added with the grounds. And a jar of pitchy black asafoetida which yielded a good teaspoonful to the sweated onions in the pot and was also stirred well in. The kitchen filled with the characteristic scent of curry. The meat was added to the fragrant paste, stirred, the heat turned down, and the lid closed. Deepa saw to it that the meat was continually covered, adjusting the liquid level in the pot from the stock jug. Comforting to see she used ordinary stock cubes in hot water.

Later she stirred in a couple of blocks of solid coconut cream from her packet. She instructed me to add the final spicing with the garam masala she left for me ten minutes before serving. "You'll enjoy this tomorrow!" She breezed out with a wave of her hand, leaving me to my hunger. The scents were captivating, exotic. I was tortured. I was hooked.

Garlic and Ginger (Adrak Lasone)

You might as well fill a big jar with this paste - you can use it in many dishes. Try it in leek and potato soup, for example.

> 200g peeled garlic
> 200g peeled root ginger
> 250ml peanut oil

Crush the cloves of garlic with the side of your big kitchen knife. Chop the ginger root into finger-joint sized lumps. Combine them in a big bowl and pulverise them with your hand-mixer. Cover with the oil in a jar with a tight-fitting lid. I use a preserving jar with a rubber ring and patent fastener. As long as the paste is covered with oil, it will not go off. You can use some of the oil on its own, if you want only a suggestion of the flavours of adrak lasone. Then top up with fresh oil - it will soon absorb the garlic and ginger taste.

Deepa hatte auch gelbes Kurkumapulver dabei, das sie zu den übrigen Zutaten hinzufügte. Und ein Glas tiefschwarzen Asant, von dem ein guter Teelöffel zu den glasig gedünsteten Zwiebeln gegeben und das gut eingerührt wurde. In der Küche verbreitete sich jetzt der typische Currygeruch. Das Fleisch kam unter ständigem Rühren in die leckere Paste, die Hitze wurde reduziert und der Deckel geschlossen. Sie achtete darauf, dass das Fleisch immer von Flüssigkeit bedeckt war und füllte bei Bedarf Brühe nach. Es war doch sehr beruhigend zu sehen, dass Deepa dafür ganz normale, in heißem Wasser aufgelöste Brühwürfel benutzte.

Etwas später rührte sie noch einige Stücke feste Kokosnuss-Creme aus ihrem Korb hinein. Mit dem Garam Masala, dass sie mir dort ließ, solle ich erst zehn Minuten vor dem Servieren würzen, sagte sie. „Aber erst morgen essen!" Dann winkte sie mir fröhlich zu, war schon hinaus und ließ mich hungrig zurück. Der Duft war einfach betörend! Ich litt Qualen! Ich war süchtig!

Ingwer mit Knoblauch (Adrak Lasan)

Man kann ein großes Vorratsglas mit dieser Paste füllen, die dann später für viele verschiedene Gerichte zu verwenden ist. Man versuche sie einmal in Lauch- oder Kartoffelsuppe.

> 200 g geschälter Knoblauch
> 200 g geschälter Ingwer
> 250 ml Erdnussöl

Die Knoblauchzehen mit der breiten Seite eines schweren Küchenmessers zerdrücken, und den Ingwer in etwa fingerdicke Stücke schneiden. Beides zusammen in eine große Schüssel geben und mit einem Pürierstab zerkleinern. Die Masse dann in ein Glas mit dicht schließendem Deckel - beispielsweise ein Einmachglas mit Weckring und Bügelverschluss - füllen und Öl zugießen, bis diese bedeckt ist. Solange die Paste mit Öl bedeckt ist, wird sie nicht schlecht. Wenn nur eine Andeutung des Adrak Lasan-Geschmacks gewünscht wird, lediglich etwas von dem Öl verwenden und anschließend mit frischem Öl auffüllen, das dann schnell wieder den Knoblauch-Ingwer-Geschmack annimmt.

Lamb and Spinach Curry (Dilli ka saag gosht)

750g chopped onion
2 tbsp adrak lasone (garlic + ginger paste 50-50)
3 tbsp rapeseed oil

4 tsp coriander seed
1 tsp cardamum
1 tsp cumin
1 tsp poppy seed
1 tsp fenugreek
1/4 tsp mustard seed
4 fresh or dried red chillis
1/2 tsp black pepper
2 tsp turmeric
1 tsp asafoetida

250g fresh spinach leaves
750g lamb meat, cut into ½-inch cubes
350g yogurt naturel
2 cubes solid coconut cream
juice and zest of 1 lemon
1 litre stock

Curry is one of those dishes you make the day before. And curry seems to gain in flavour in the freezer. I usually make a double portion and freeze half.

Lamm und Spinat Curry (Dilli ka saag gosht)

750 g gehackte Zwiebeln
2 Esslöffel Adrak Lasan
3 Esslöffel Rapsöl
4 Esslöffel Koriandersamen
1 Esslöffel Kardamom
1 Esslöffel Kumin
1 Esslöffel Mohn
1 Esslöffel Bockshornkleesamen
1/4 Esslöffel Senfkörner
4 frische oder getrocknete rote Chilischoten
1/2 Teelöffel schwarzer Pfeffer
2 Esslöffel Kurkuma
1 Esslöffel Asant

250 g frische Spinatblätter
750 g Lammfleisch, in ca. 1,5 cm große Würfel geschnitten
350 g Naturjoghurt
2 Stücke feste Kokosnusscreme
Saft und geriebene Schale einer Zitrone
1 l Brühe

Curry ist ein Gericht, das man einen Tag vorher zubereitet. Und Curry scheint im Kühlschrank an Geschmack zu gewinnen. Ich koche meist eine doppelte Portion und friere dann die Hälfte ein.

Garam Masala

Shish Mahal: this Glasgow restaurant is famous, not only for its meals, but also for its cookbook. Every Indian cook has their own garam masala.

> 4 tbsp coriander seed
> 2 1/2 tbsp white cumin seed
> 10 cm dried cinnamon bark
> 2 teaspoons black cardamum seed

Roasted in the oven or on a dry skillet, pounded in a mortar or pulverised in a coffee grinder, there is enough garam masala here for half a dozen meals. Add just before serving. But don't keep the mixture too long. Ground spices lose their character after a couple of weeks.

Garam Masala

Das Shish Mahal in Glasgow ist ein Restaurant, das nicht nur für sein erstklassiges Essen, sondern auch wegen seines Kochbuches bekannt ist. Jeder indische Koch hat sein eigenes Rezept für Garam Masala.

> 4 Esslöffel Koriandersamen
> 2 1/2 Esslöffel Kumin
> 10 cm Zimtstange
> 2 Teelöffel schwarzer Kardamom

Die Zutaten im Ofen oder in einer Pfanne trocken rösten, anschließend in einem Mörser oder einer Kaffeemühle zu Pulver zerkleinern. Ergibt ausreichend Garam Masala für ein halbes Dutzend Portionen. Immer erst kurz vor dem Servieren hinzufügen. Aber die Mischung nicht zu lange aufbewahren, die Grundgewürze verlieren nach einigen Wochen den Geschmack.

Impressum:

Herausgeber:
Tidenhub-Verlag e. K.
Elke West / Wedel
www.tidenhub-verlag.de

Meal Ticket
Andere Länder, Andere Suppen

Translator/Übersetzer:
Thomas Friße

Gesamtherstellung:
AALEXX Buchproduktion GmbH,
Großburgwedel

1. Auflage August 2012

©Tidenhub Verlag e. K.

ISBN 978-3-980-5587-7-8